不被定義的妳

高琳 著

自序／從力不從心到遊刃有餘

四十二歲那年，我離開跨國公司開始創業。很多人都說我那是一個華麗轉身，但其實過程一點也不華麗。從心動到行動，我前前後後拖了兩年多，反覆糾結，怕歲數太大了，怕離開了公司養活不了自己，怕自己根本就不是創業的料……最後我算了一筆帳：如果二十年足以讓我從職場新人成為高階主管，那就算我四十二歲從零開始，再花二十年應該也可以在一個新領域從新手成為「專家」吧？

在這筆帳裡，我有兩個假設：第一，我賭自己應該能活得足夠長，且身體足夠好；第二，我賭人一生中，可以從事兩到三個不同的職業——不是不同的工作，而是完全不同的職業。在當時，這只是我的一個非常任性的直覺，後來我找到了這份直覺的理論依據，叫作「職業第二曲線」。

職場長期主義

我想先給你看一組來自《100歲的人生戰略》（*The 100-Year Life: Living and Working in an Age of Longevity*）這本書中的資料：如果你在一九七七年出生，那麼有50%的可能性你能活到九十五到九十八歲；如果你在一九八七年出生，那麼你可能活到九十八到一百歲；而如果你在一九九七年出生，那你很有可能活到一〇一到一〇二歲。這不是科幻，而是科學。人類在生命科學領域的不斷探索讓我們的壽命不斷延長。

但活得久真的是好事嗎？不一定。首先，活得越久，花錢越多。最糟糕的是人沒老死，先窮死了。其次，活得越久，變數越多。想想看，在過去的幾年，新冠疫情、股市熔斷，有多少黑天鵝事件，是之前完全意想不到的？最後，活得越久，想得越多，我們這一代人活得很糾結。像「怎麼才能找到更有意義的工作」及「怎麼才能活得更精彩」等問題，都是一個人滿足了生存需求之後才開始思考的問題。而古時候的人，可能活不到四十多歲，所以根本來不及糾結這些問題。

當我們帶著百歲人生的預期重新看待自己的職業生涯時，就會有一種全新的視角。**我們必須擁抱長期主義，在職場路上持續為自己積累有形資產和無形資產**，比如財富、經驗、人脈，並且不斷優化自己的投資組合，做好不斷轉型、反覆運算的準備，否則長壽給我們帶來的不是禮物，而是詛咒。

長期主義意味著不必只爭朝夕，稍微有個風吹草動就焦慮到不行。尤其是對女性來講，本來平均壽命就比男性長，職業發展的路其實是很長的。

在這條漫長的職業發展之路上，我們有時需要跑起來，有時可能只需要慢慢走，享受一路的風光。就算有時會被生育等家庭責任打亂節奏必須停下來，那又怎樣呢？一段職業生涯的結束，不意味著你就要從發展的軌道上脫軌，它不過是你職業發展的一個節點而已。**節點不一定就是終點，也可以成為拐點。**

我的一個朋友，非常能幹，生完孩子在家做了兩年多的全職媽媽，很多人都為她可惜。但後來她成立了自己的工作室，專門為小企業主做品牌諮詢，做得非常好。**你的優勢就是你的優勢，並不會因為你生了孩子就沒了，否則只能證明那個優勢本來就不存在。**

我在四十二歲時重新開始，沒用二十年就在新領域站穩了腳跟，不僅成了國內最貴的高管教練之一，還創立了「有意思教練」平臺，幫助成千上萬的職場人通過教練找到了自己人生的答案。在五十歲這一年，我已經開始規劃自己的職業第三曲線了——投資女性，幫助更多女性在事業、副業和創業中活出她們的精彩。

所以，你看，職場女性的花期，真的遠比你想像的要長很多很多。誰說女性就一定要被生育、年齡所定義？**只要你不下牌桌，就有機會翻盤。只要你不放棄自己，沒人會放棄**

你。

工作和生活的最佳組合

創業是一條少有人走的路，很多人都問過我，「有沒有後悔過？」答案是肯定有，但時間不超過一分鐘吧。**當你活出了你認為最重要的價值時，你也許活得辛苦，但你活得不委屈。**問題是，我們總是想用努力工作來換取美好生活，結果一輩子把自己耗在不喜歡、不擅長的工作中，耗到最後都沒有享受美好生活的氣力了。

當你帶著投資思維來看待自己的職業發展時，就會發現「工作和生活的平衡」其實是個偽命題，你會把工作和生活當作自己的資產來管理。工作和生活就像是你籃子裡不同的股票，如果你買過基金就知道，其實你並不在意籃子裡每檔股票的短期收益，你只在意這些組合的長線回報。有時候，你需要調整一下激進型和穩健型股票的配比，以求收益最大化。但哪兒有什麼正確的配比？誰又會在意它是否平衡？只要最終能讓你實現價值最大化就行了。

這就是為什麼今天越來越多的職場女性再也不想在「工作和生活的平衡」上浪費時間

了。因為她們逐漸意識到自己要的並不是工作和生活的平衡，而是工作和生活的最佳組合和由此帶來的總價值——金錢、財富、話語權和影響力，以及對生活的掌控感。正是因為沒有足夠的存在感、話語權和影響力，在家裡家外，活幹得不比別人少，錢卻拿得不比別人多，她們才覺得自己不平衡，所以才到處找平衡。

有一次我在跟《得到》CEO脫不花聊天的時候，她很納悶地說：「為什麼時代發展到今天，很多職場女性還是會陷入我們那輩人的瓶頸？」我想可能是因為太多人只跟女性講工作和生活的平衡這類話題，卻鮮有人告訴女性如何在職場上大膽地追求權力，建立關係，打造自己的地盤，毫無愧疚感地說「不」。

用槓桿撬動實力，成為自信的你

我曾經支援一家企業做一個女性領導力的專案，在和學員溝通的時候，我發現很多女性在懷孕、生子之後再回到單位，都會陷入一段低谷期。她們不是因為工作和生活的平衡問題而煩惱，而是產假期間工作被重新分配，回歸之後，空虛感和缺乏存在感困擾著她們。

於是，她們拚命用努力工作來找回存在感。然而再努力，她們都感覺自己就像小倉鼠跑輪一樣，始終在原地踏步。

聽她們講這些故事的時候，我其實很心疼。我見過太多兢兢業業的職場人，尤其是職場女性，都陷入了「習慣性辛苦」。她們應對所有職場問題都是用「努力努力更努力」的方式，學這學那，拚命去提升自己的實力。**其實不是你實力不夠，而是你缺乏「槓桿思維」，從而讓你顯得實力不夠。**

會做，但不會說，因為人們總是告訴你要低調，拿結果說話。可惜結果從來都不會說話，那些更會說的人，反而拿到了更多的結果；**能做，但不能推銷自己**，結果做了半天，在別人心目中就是個「做事」的；**會建立關係，但不會使用關係**，最後還是一個人扛起所有事還做不好；**實力強，氣場弱，鎮不住別人**，自然就沒有話語權，也顯得不自信；**不惜力，但不會借力**，只知道使蠻勁，卻不知道怎麼使巧勁。這都是缺乏「槓桿思維」的表現。

在投資中學會合理使用槓桿來做乘法，可以實現以小博大。當然前提是你有一定的「本金」——專業技能、學歷資質等，這些硬實力是你的起點。而個人影響力就是你最重要的槓桿之一。當把你的硬實力與個人影響力相結合時，你就能借助槓桿之力實現以小博大，成為更自信的你。

凡人求果，智者求因。財富、成就及由此帶來的自由和掌控感是個人實力和影響力的結果。在這本書的第一部分，我們就來看看財富的本質，如何理解權力，又該如何通過打造人脈關係、個人品牌、有效溝通和強大氣場來建立個人影響力。

直面內心的聲音，成為自洽的你

有了財富、成就，就有了對生活的「掌控感」嗎？在過去的幾年，我輔導了很多高管，尤其是女性高管。她們有錢有權，也還是會焦慮於自己不夠好。包括我自己，作為一個有一定影響力的知識ＩＰ（智慧財產權），我也會有無力感，夜深人靜的時候，躺在床上也會糾結：「哎呀，我到底是不是一個好媽媽啊？我是不是不應該在孩子最需要我的時候創業啊？我錢賺得比我老公多，他會怎麼想啊？……」

作為女性，我們經常會陷入完美主義，總覺得自己還不夠好，於是不停地鞭策自己，取悅他人。所謂「追求卓越」，其實是「心力不足」的表現。「心力」是一個含義豐富的詞，泛指一個人的「內在力量」，也就是我們應對外在世界時自己內心的力量。如果說實力是起點，影響力是槓桿，那麼心力就是那個「撬動點」。

心力強大的人通常很自洽，對自己想要什麼很篤定，不會輕易被外界誘惑和干擾，有勇氣做出艱難的決定，既能追求卓越，又不會被完美主義困擾，活得不糾結，沒有那麼多的內耗。用我們教練的話說就是擁有「核心穩定性」。**想要變得內心強大，就必須做減法**。你需要學會識別並且幹掉你的心魔，就是每天你腦袋裡那些反反覆覆出現、不停叨念你的小聲音。尤其是當你想要嘗試做一些改變的時候，心魔就會跳出來對你冷嘲熱諷。而當你失敗的時候，它又會幸災樂禍地嘲笑你。

比如，我當年讀博士的時候，腦子裡就會冒出一個聲音：「哎呀，都這個歲數了還去念書？算了吧，女人啊，還是要先把孩子照顧好……」結果呢，我在念書的時候想著孩子，照顧孩子的時候又想著論文，無比焦慮。

再比如，公司有個新業務，你很想嘗試一下，但又擔心自己做不好會出醜，那就索性放棄吧。但你真的接受這個結果嗎？並沒有，於是一邊想放棄，一邊焦慮。

很多時候，我們並不是被自己的能力限制住了，而是被自己的心魔劫持了。每個人都有心魔，不分男女。女性常見的心魔包括：

● 我不夠好——無論做得多好都覺得自己不夠好。

不自信，這是引發其他心魔的核心。

- 完美主義——要麼不做，要做就要做到最好。
- 玻璃心——我的一切都必須被尊重，說不得。

這些心魔屬於自己跟自己過不去。

- 順從取悅——我必須努力讓所有人都喜歡我。
- 控制強勢——一切都得按照我的計畫和安排進行。

這些心魔則屬於自己跟別人或者環境瞎較勁。

「心魔」是一種習慣性恐懼，也是一種潛意識中內心對話的特定模式。但好消息是心魔有一個致命的問題，那就是它見光死。**只要我們看見這個心魔，就有可能化解它，而不被心魔所定義**。而作為教練，我的工作就是通過深度的聆聽、有力的提問，幫助被教練者看到自己的「心魔」，並且激發他自己的內在智慧來打敗心魔。

在這本書的第二部分，我會幫你探索心魔背後的原因，給出方法，並且通過每一章後面的掌控力練習，幫你找到屬於你自己的答案，成為更自洽的你。

精力充沛，知行合一，成為更自在的你

看到這兒，你可能會說：「我每天能勉強把工作做好，回家把飯端上桌就不錯了，哪兒有時間和精力去幹這麼多事？」的確，說到「力不從心」，這個「力」既是能力、實力，也是精力。一個人精力的多少、品質、集中程度和力度，會影響到我們做事的效果。然而，精力管理卻經常被人們忽略，很多人總覺得自己的時間不夠用，以為把時間管理好就萬事大吉了。

可就算你把時間管理得井井有條，但是在該工作的時候沒有精力做事，該學習的時候沒有精力去學習，甚至該休假的時候都沒有精力去玩，就想回家躺著，那你把時間管理得再好，也沒解決實際問題。

事實上，**你要管理的不是時間，而是精力**。這裡說的「精力」並不僅僅指體能上的，在我看來，更準確的描述是一個人的精、氣、神——體能、情緒、精神。精氣神三者之間是相互滋養、相互促進的。「人由氣生，氣由神往」說的就是這個意思。反之也是如此。

所謂精力管理，其實就是一個簡單的數學運算，怎麼能在忙碌的生活中，讓自己的精

氣神保持平衡，從而讓我們有足夠的能量做自己想做的事。

隨著年齡的增加，體力下降，新陳代謝變慢，再加上生育帶來的影響，女性如何在有限的時間內，透過飲食、睡眠、運動，最大限度地提升自己的「精」呢？面對工作和生活中發生的問題，女性如何能讓自己的「氣」聚且不散，專注於當下，不被情緒干擾呢？你有沒有發現，當生活沒目標的時候，就算身體無恙，誰也沒招惹你，但你就是沒神。如何找到令人心馳「神」往、充滿激情的事情讓自己充滿動力呢？

這才是真正意義上的精力管理。

我從小就精力旺盛，不吃不喝不睡，把大人都弄睏了，自己還清醒著。我從來沒想到，長大以後，這討人嫌的毛病反倒成了我最大的優勢之一。我也越來越發現，其實在職場上拚到最後，拚的不是別的，而是精力。精力，才是一個人最持久的競爭力。

我的團隊經常因為我精力太充沛而頭疼，他們跟不上我的節奏，說我是「喝飛機燃油的永動機」。在這本書的第三部分，我會跟你科學地分析怎麼才能讓你的「發動機」轉得更快、更省油，持續提升你的續航力。

內心強大、精力旺盛的人，心之嚮往，行必將至。

作為教練，我的工作是通過深度對話，跟被教練者建立平等的夥伴關係，幫助被教練者找到自己的答案，從而發生改變。這本書裡有一些我自己的經歷，但更多的是經過模糊處理的學員和被教練者的真實案例。世界是複雜的，個人經歷並不具備太多的可複製性，只有真實、多元的案例，才有說服力。

我做培訓的時候，會給學員「道」、「法」、「術」——道，是原則；法，是能力；術，是方法。而我做教練的時候又講究啟發、提問，不要直接給答案。在這本書裡，我盡量做到兩者兼顧，因為每個人都有很多內在智慧，只是暫時還沒找到開啟的方法，或者被心魔蒙蔽了雙眼。我希望你讀這本書的過程，就像是我跟你聊天的過程，但前提是，你要對我打開心扉。

好了，你準備好開啟這段自我探索之旅，成為那個不被定義、閃閃發光的你了嗎？

PART 1

自信：找到槓桿，擁抱財富和權力

PART 2 自洽：看見脆弱，遠離心魔

PART 3

自在

安頓自我，保持能量滿格

02
重視情緒信號，看清你的真實需要

03
如何處理人際關係中的衝突？

04／女性的天花板，並不在職場

05／用教練式思維，建立有鬆弛感的親子關係

06 / 職業第二曲線，什麼時候開啟都不晚

07 / 知行合一，做眞實的自己

後記

PART 1

自信

找到槓桿，擁抱財富和權力

01

你和金錢的關係，決定你能賺多少錢

女人啊！
如果妳可以在金錢和性感之間做出選擇，那就選金錢吧。
當妳年老時，金錢將令妳性感。

——凱瑟林．赫本（Katharine Hepburn）

我曾經在學員裡做過一個問卷調查，第一題是「有錢對你來講意味著什麼？」答案都差不多，意味著可以孝敬父母、可以去旅遊、享受生活……等。有錢意味著可以不用為現實操心、妥協，有較高的生活品質，而不是為生存掙扎。**有錢就有選擇、尊嚴、安全感，可以成就他人，可以做自己喜歡的事。**

第二題是「你怎麼形容你和錢的關係？」這個答案可就五花八門了。有人說是潺潺小溪和去喝水的小鹿，渴了可以去喝水，但是不能全喝掉。為什麼是小溪而不是江河大海呢？可能是因為自己的見識和賺錢的能力還不夠。也有人說錢就像一直暗戀的對象，我天天想他，但他總是對我愛搭不理，每個月只給我一點例行、有限的恩惠。還有人說是風箏和線的關係。我覺得我有翅膀，沒線也可以飛，為什麼要受線的束縛呢？但是我太高估自己的能力了，真遇到事情的時候，我還是需要線的牽引。

這個問題巧妙地用到了教練技術中的隱喻技巧，由此可以看出一個人在潛意識層面的思考。你也可以問問自己這個重要的問題。一個人和金錢的關係就是他的金錢觀。和任何一種關係一樣，**你只有和金錢建立一種健康的關係才能賺到錢並且享受錢給你帶來的樂趣。**如果錢讓你變得更好了，更幸福了，你也讓錢發揮了它最大的價值，那麼這樣的關係就是一種相互成就的關係。

但如果你每天都因為沒錢而愁眉苦臉，對錢以及有錢人充滿了仇恨和嫉妒，或者你有錢但沒有享受錢帶給你的快樂，沒有把錢花在應該花的地方，那你和錢的關係就是不健康的。

改寫你的金錢劇本

在《讓女性受益一生的理財思維》這本書中，作者認為每個人都有自己的金錢故事，或者也可以稱之為金錢劇本——它是你小時候關於錢的記憶和經歷。

這並不是你小時候家裡有沒有錢的問題，而是錢帶給你的感受，以及你父母在花錢、理財過程中給你帶來的體驗。除了成長經歷，社會傳統也對我們的金錢觀的塑造有很大影響。在傳統文化中，女性如果很直白地說想要追求財富，就會被人貼上貪婪、不知足的標籤，甚至有人會覺得「想嫁個有錢人」，都比「我想要賺錢」更讓人容易接受。這就是為什麼很多女性羞於談錢，和金錢的關係也顯得若即若離。

我以前也是這樣的。我生長在一個知識份子家庭，從小到大的環境讓我一直覺得錢是個髒東西，有錢人都沒安什麼好心，只有念書才是正途。於是一路讀書，在美國MBA（工商管理碩士）畢業工作後，我發現相當一部分美國人銀行卡裡沒有超過三個月的存款，信用卡欠的債倒不少。如果不幸遇上公司裁員，隨時面臨賣房子的境地。

所以，一到公司業績不好的時候，很多同事連大氣都不敢喘，生怕跟老闆有了目光接觸，下一個被裁的就是自己。這種基於安全感而活的情況，就是基於恐懼而活。雖說那時年輕的我還不知道什麼叫財富自由，但我隱約知道我想要有一筆「去你的的錢」，意思就是哪天公司要裁我的時候，我能說：「去你的！還輪得到你裁我？我裁你還差不多！」或者也不用等公司裁我，就是做得不爽了，我隨時都能翻著白眼跟老闆說：「去你的，我不幹了！」

錢，能帶來尊嚴。

在這之後不久發生的另外一件事，讓我意識到，**財富自由的重點並不在財富，而是在「自由」。**

我的一個朋友，在美國工作的第二年，他父親肺癌晚期，醫院發了病危通知，他趕緊請假回北京。醫生把他父親從鬼門關前給拉回來了，但他卻為難了。本來跟公司請了兩周假是打算辦完喪事就及時回去的，現在人救回來了當然很好，可他該怎麼辦？是留在國內照顧父親，還是回公司？左思右想，他還是按照計畫在兩周後回了美國，結果剛回去他父親就去世了，但他假期也用完了，不可能再回來了。

發生在我身邊的類似這樣的故事還有不少，很多去大城市打拚的人也面臨著同樣的問題。讓年邁的父母留在老家獨守空巢已經於心不忍，可如果連父母去世的時候都無法在身邊送上一程，就太讓人難以接受了。

錢，能帶來自由。

從那時候開始，我就成了一個愛錢的人，我的金錢劇本也改了。我和老公下定決心將來不但要財富自由，最好還能從事一個可以實現時間自由、地點自由的職業。我不知道這樣的職業是什麼，更不知道怎麼找到，那時候還沒有數位游牧[1]這一說。但不知道為什麼，我那時就是有一種莫名的自信，認為我們能做到。那一年我們二十七歲，還欠著一屁股學生貸款，沒錢、沒房，有的就只是這麼個願景。但就是這麼一個清晰的願景，成了指引我們前行的燈塔，讓我在四十二歲實現了當年的目標。

現在回過頭看，為什麼一個清晰的願景很重要？是因為：

第一，當我渴望實現財富自由時，我和金錢的關係就不再曖昧，而是變得很明確。有了明確的目標，才會有明確的行動。

第二，就像談戀愛一樣，關係很曖昧的時候，你經常會有自己的期待被對方辜負的感覺。而關係明確了，彼此的責任才分明。你想要賺錢就要負起賺錢的責任，賺不到錢不能賴錢。

第三，這一點是最重要的，當你想要有錢的時候，就會去接觸那些更有錢、會賺錢的人，在這個過程中，你就慢慢意識到：哦，原來有錢人是這樣想問題、這樣做事情、這樣說話的啊！這個思考升級的過程讓你逐漸告別窮人思維。而當你越來越像有錢人一樣思考，你離錢就不遠了。

當然，金錢本身不是目的，而是幫助我們過上想要的生活的工具。所以明確目標固然重要，但是弄清楚這個目標對你的意義更重要，那個深層的原因才是你真正的動力。對我來講，**賺錢的終極意義是擁有更多自由。這個自由，並不是想做什麼就做什麼，而是不想做什麼就不做什麼。**

有錢，你可以自由地擺脫糟糕的關係，不用再看他人的臉色過日子；有錢，你就能自由地辭去不喜歡的工作，大膽探索更有熱情的工作；有錢，你可以幫助他人，回饋社會……總之，**有錢意味著不再為了想像中的明天而犧牲今天。**

所以，追求財富自由並不是貪財，貪財只注重短期變現，只想著有錢了以後想要什麼，卻很少想過要為此放棄什麼。追求財富自由則是長期投資，因此你清楚地知道為了獲得自己想要的自由，需要付出什麼，放棄什麼。

1 指通過電信技術（尤其是網際網路）來移動辦公，以支援生活和旅行的一種生活方式。

追求財富和追求財富自由最大的區別在於前者受欲望驅使，後者受希望驅使。雖說欲望也是一種能量，欲望強，說明能量很強，動力足，但欲望和希望給你帶來的專注和持續的動力根本不是一個級別的。前者把有錢當作目標，而後者把財富當作通往自由的工具。

當我第一次看電影《刺激一九九五》時，看到男主角安迪歷經千難萬險從臭氣熏天的污水管爬出來，傾盆大雨中，他仰面朝天，高舉雙臂的一剎那，我突然明白，那就是自由的味道！想像一下，如果不是對自由的渴望而是對財富的渴望，能支撐他在獄中忍辱負重，用那把小鑿子，每天晚上鑿一點，花十九年的時間鑿開一條隧道，最終勝利大逃亡嗎？

一定不會！因為欲望給人帶來的動力遠遠低於希望。所以當你說想要賺很多錢，實現財富自由的時候，你需要好好思考一下：錢對你來講意味著什麼？你要的到底是財富還是財富自由？這兩個答案決定了你的驅動力到底能讓你走多遠。

錢從哪裡來？

賺錢本身是一門需要學習的技能，只可惜在學校裡沒人教我們。我們習慣性地認為老老實實上班是賺錢的唯一出路，根本不知道有錢人都是怎麼賺錢的。**不是貧窮限制了我們**

想像如何花錢，而是見識、認知限制了我們想像如何賺錢，而且這跟你念了多少書沒關係。

二〇一五年，我從企業裡出來，一開始就是想做一個自由講師，去企業裡做溝通、領導力這方面的線下培訓。我一個做投資的朋友聽了以後說：「哦，你這就是高級打工仔吧？」

話俗理不俗，我的確是自由了，但我還是在用自己的時間賺錢，而靠賣自己的時間是永遠無法致富的。我意識到我需要找到一個「複製的邊際成本更低」的商業模式。

正好當時有個朋友介紹我認識了一位老師，他對我說：「你為什麼不做線上課呢？相比線下課，線上課的複製邊際成本幾乎為零，一次性錄製好，就可以一直賣下去。」就好像你手裡的這本書一樣，我寫它所花的時間是一次性的投資，而回報是隨著時間產生複利效應的。這就是窮人思維和富人思維的區別的一個例子。

賺錢的路千萬條，總結起來不外乎這三種：用時間賺錢、用專長賺錢、用資源賺錢。

第一、用時間賺錢。除非你家裡有礦，否則我們每個人都是從用時間賺錢開始的。你去上班就有錢可賺，不去就沒錢，這就是用時間賺錢。打工的本質是我們把自己工具化。我們是老闆手中的鐮刀、斧頭、錘子，老闆判斷怎麼把我們這些工具的價值最大化，然後把創造的價值分給我們。

從這個角度來講，作為一個打工人，其實是不直接賺錢的，而是你幫公司賺錢，公司分錢給你。因此，在這個階段，你的目標就是讓自己的單位時間更值錢，同樣都是朝九晚五，有人年薪二十萬，有人年薪兩百萬，後者的單位時間更值錢。而這需要讓自己成為更好用的工具人——即更鋒利的鐮刀、更精銳的斧頭、更結實的錘子。無論是提升學歷水準、專業知識、技能，還是提升工作效率和解決問題的能力，都能讓你的時間更值錢。當別人不能解決某個問題而你能，甚至你能用更少的時間解決時，你就比別人更值錢。

第二、用專長賺錢。今天所有的白領，無論是程式師還是建築師，是HR還是財務人員，其實都是在用腦子賺錢而非體力。但為什麼有的人一輩子只能依附於一個平臺，讓平臺分錢給你，還大氣都不敢出，而有的人有足夠的底氣選擇給誰做，或者做不做？

職場人最大的幸福莫過於「老闆自由」，想想看，要是你能挑公司、挑老闆，那是不是太爽了？而這就要看你是否有一個看家本事。什麼是「看家本事」？我覺得樊登老師形容得最精準，「所謂看家本事，就是你即便教給別人，別人也無法100％學會的本事。」道理很簡單，如果別人能學會，那你還怎麼能用它來看家呢？別人至多只能從你這兒萃取一些精華，加速他們自己的學習，但他們無法完全複製成你。

比如故事力就是我的看家本事，別人工作彙報講流水帳，我講故事；別的乙方給甲方賣培訓課程的時候講ＰＰＴ，我還是講故事。**每個職場人在平時的工作中都應該有自己的絕活。**它不一定是一個很大的技能，它可以是一個很小的點，比如，如果你是一個ＨＲ，怎麼和業務合作夥伴溝通，讓他更信任你、有事願意找你商量，這就是你的絕活。

我們有一個線上課的助教老師，她的絕活就是在群組裡撩學員寫作業。當你能把你的絕活結構化、體系化，形成自己的方法論，那就是你的看家本領了。如果你還能把它變成產品教給別人或者賣給別人，那你就在邁向自由的路上又前進了一步，因為你不再靠別人分錢給你，你可以靠你的絕活賺錢了。

我把我的絕活結構化、系統化地寫進《故事力》這本書中，並且出了對應的線下、線上課程，很多人由此受益，學會了用講故事的方式賣自己的觀點、產品，打造了影響力。我們甚至還有故事力認證講師課程，教別人怎麼教故事力。

我真心認為知識付費的下半場是知識副業。每個人，無論你是白領、藍領，只要你能把你的絕活總結出來，將其產品化、ＩＰ化，通過打造個人品牌把它賣出去，就都可以賺錢。而這不但需要你平時積累、回顧，還需要你有將絕活結構化、系統化地表達出來，賣給別人的能力。

在後面的章節中，我們就來看看如何找到自己的看家本事，又該如何打造自己的個人品牌，避免會做不會賣。

第三，用資源賺錢。如果你家裡有礦，那你一生下來就能靠家裡的資源賺錢。但對大部分人來講，資源要靠自己逐步積累，並且靠投資來使其最大化，比如儲蓄、理財、買房、買保險、買股權，投資回報率越高，錢生錢的效率就越高。

如果你是一個團隊領導，你的團隊就是你的資源，你需要透過你的領導力把這些資源最大化。而在這一點上，女性最容易忽略的資源是「權力」和「人脈關係」。

每次說到賺錢，大家都兩眼放光，但一說到「權力」和「人脈關係」，很多人又會覺得很髒、很多手段。權力決定了如何分配資源，人脈決定了如何聯結資源，想要賺錢，二者缺一不可。

不得不說，顏值也是一種資源。研究表明，即使是在不看臉的行業，長得好看的人也比長得不好看的人平均收入要高15%。好消息是，在職場上，你的氣場帶來的價值遠比顏值要高，而且比起顏值，氣場更容易打造。為什麼有些明星明明不到一六〇公分，卻能顯得氣場一八〇？這其中的秘訣就在《用氣場展現實力，強大而不強勢》這一章中。

其實，無論是權力還是氣場，無論是個人品牌還是人脈關係，都是你的槓桿，你要學會使用槓桿，讓自己的資源投資回報最大化。我非常贊同《納瓦爾寶典》作者的這個觀點：

不要再把人分為富人和窮人、白領和藍領了。現代人的二分法是「利用了槓桿的人」和「沒有利用槓桿的人」。

大多數女性不敢明確表達對金錢和權力的渴望，總擔心被別人貼上「有野心」的標籤。

請記住，**不要做大多數人做的事，因為你不想當大多數人。**

掌控力練習

想像一下，三至五年之後，你希望自己在做什麼工作、在什麼地方、跟誰在一起？你當時穿著什麼衣服，是不是很有氣場？如果可以的話，找一張紙，把那個畫面畫出來。（要畫而不要寫，因爲願景是一種想像中的畫面，只有畫出來，才能激發你的潛意識。）

然後再寫下你的財富宣言：

「我＿＿＿＿（名字），要成爲有錢人，計畫在＿＿＿＿（年份）前達成。」

夢想總是要有的，萬一實現了呢？

呢？包括我也曾經天真地認為做一個好人就要拒絕一切形式的權力。這其實是因為對權力缺乏理解。

權力是基於角色的演出

現在很多公司，尤其是網際網路公司，因為發展得太快，很多新任的管理者都是「跑步式上崗、滾動式調整」。就像沒有熱身就開始衝刺一樣，他們根本不知道自己即將面對的挑戰是什麼，內心還是個寶寶，升職後卻被逼著做大家長。結果呢？根據權威調查，多達60％的人，當他們從單打獨鬥的個人貢獻者成為帶人經理的一年後，會得到「績效不佳」的評估結果。此外，各大顧問公司調查也顯示，一線經理的折損率高達40％。

也就是說，原來的明星員工被提拔成了帶人經理，剛剛嘗到權力的滋味，就迅速變成了平庸的經理，甚至賠上了職業飯碗。難怪現在越來越多的年輕人嫌麻煩，不願意帶團隊。其實這也是因為對權力理解得不夠，而**不能充分地理解權力，就不能正確地使用權力。**

《權力：史丹佛大師的經典課》（*Power: Why Some People Have It and Others Don't*）這本書中對權力的定義是——你在別人的故事中扮演的角色。讓我有種豁然開朗的感覺。這裡面有三個關鍵字：別人、故事和角色。不像財富、魅力、美貌，這些都是具有個人屬性的，跟別人沒太大關係。而權力必須存在於關係中。這個關係不一定非得是職場關係，親密關係、親子關係都涉及權力之爭，儘管有時候你完全沒有意識到。就好像我和我兒子爭執的時候，一開始可能是為了指出他的問題，比如我最看不慣他讀書的時候倚在床上讀。但爭著爭著，就慢慢演變成了「是不是媽媽說的就一定是對的」的爭論。

人際關係中所有的衝突背後，其實都是權力的鬥爭。權力之爭無處不在，這也讓我們在不知不覺中追逐著權力，儘管你不想承認。那為什麼說是「別人的故事」呢？因為所有的權力都是有時效的，就像所有的故事都有始有終。你對下屬有權力，但你不可能一輩子當他們的主管；你對你的孩子有權力，但孩子長大了也不一定聽你的了。

這一點和金錢不同。錢不花充其量會貶值，而權不用就會過期。所以**如何在有限的時間內有效地發揮自己的權力，為自己、為他人、為團隊創造改變，這是每一個手中有權力的人需要思考的問題。**

最後這個「角色」是關鍵。很多時候，無論是管理團隊，還是管理家庭，你如何定位自己的角色，決定了這個故事的走向。當你還是單打獨鬥的個人貢獻者的時候，你的角色決定了你只要管好自己的那攤事，再做好向上管理，和同事的關係處得差不多就行了。然而一旦成為帶人經理，這個角色就發生了轉變。你就要從關注自己到關注他人，從關注事到關注人，從自己當英雄，變成讓自己的團隊成為英雄。

有一次我在一家科技公司給一線經理講課，他們都是從技術人員的崗位提拔上來的，講完以後有個戴眼鏡的女生站起來說：「我們這些人選擇做技術，大部分是性格使然，我們寧願跟機器、代碼打交道，也不願意跟人打交道。但是老師您今天的課讓我意識到，既然我選擇了做經理，那就必須學會跟人打交道，這是角色使然。」

我聽了好感動，因為我知道從「性格使然」到「角色使然」，這個意識上的轉變是多麼不容易。一旦你理解了權力是一種基於角色的演出，接下來要做的就是學習如何扮演你的角色。

權力是演出來的，也是說出來的

《權力：史丹佛大師的經典課》這本書中有一個觀點我非常贊成——權力是演出來的，也是說出來的。領導力的秘訣就是要扮演角色，要裝模作樣，要在這門舞臺藝術上富於技巧。

所謂扮演，不是讓你裝扮成別人，而是能上能下，要根據不同情境、不同受眾調整你的行為。比如，面對九〇後、九五後的下屬，我經常會以一種低姿態出現在他們面前。當他們問我：「老闆，這事怎麼辦？」我會說：「你說了算，聽你的。」有時候，我甚至會像個委屈的受氣包，甘願接受他們的調侃和揶揄。

我真的就那麼沒本事嗎？並不是，而是我深知年輕人最討厭主管用權力壓人，你越給他們空間，他們反而越願意承擔責任。而且我都已經權力在握了，讓人家擠兌一下又不會掉兩斤肉，怕什麼？

當然，有時我也會展示強權的一面。尤其是當我解釋了很多次，他們還是不能完全理解為什麼要做某些事的時候，我不會再花時間說服他們，而是自己拍板做出決定。畢竟，作為CEO，我要為這個結果負責。偶爾我也會發飆，這不是情緒化的反應，而是帶有情緒的表演。有研究顯示，當一個人表現出憤怒而不是悲傷時，人們常常認為他更有能力，最起碼不好惹。當然，這一招也不能老用，否則會失去團隊的信任。就好像演員在舞臺上偶爾可以情緒爆發，但是如果你動不動就歇斯底里，那不就成馬景濤了嗎？

總之，一個平庸的演員，演什麼都像自己，而一個好演員，卻能讓別人認為他就是那個角色。因為他知道在那個場景中，自己應該以什麼樣的姿態出現才能產生最好的效果，所以才能給人「把這個角色演活了」的感覺。但出了這個場景，就意味著這個故事結束了，演員也就應該出戲了。

權力遊戲的三個原則

在權力的遊戲中並沒有固定的規則，但有幾條可以說是放諸四海皆準的原則：

一、要與人爲善，但老好人不可能成爲權力的中心

哈佛商學院教授特雷莎．阿馬比爾（Teresa Amabile）的研究發現：招人喜歡的人給人一種溫暖的感覺，但老好人也往往被視為軟弱者，甚至不夠聰明的人。換句話說，**招人喜歡有可能會帶來權力，但權力一定會讓你招人喜歡。**

這一點其實很容易解釋，因為人都是這樣的，誰不願意跟著一個能保護他的人呢？如果他覺得你連自己都不能保護，怎麼會保護他呢？所以讓別人有一點怕你是好事，因為他們知道當他們受到傷害的時候，你會保護他們，反而更願意站在你這邊。

而且權力和責任是成對出現的，當你有勇氣站在權力的中心時，別人就認為你有承擔

責任的能力。就好像我公司同仁每次在嘗試有一定風險的事情的時候，大家最後都會說：「做吧！反正天塌下來有姓高的頂著呢！」

所以，如果你想要獲得權力，除了提升能力，讓你的實力配得上相應的責任，還要學會打造權威感，讓人覺得你靠得住。在後面的章節中，我會講到女性如何打造自己的氣場，建立權威感。

二、權力之路從來不是線性的

踏上權力之路就意味著有輸有贏，然而世界不總是公平的，並不是你努力了就一定有回報。要知道每個人都很努力，但權力的寶座就那麼幾個。這就像競技體育一樣，每個運動員為了奧運會都會準備好幾年，但金牌只有一塊。這也是為什麼很多人不想加入這個遊戲，因為這樣他們就永遠可以說：我沒有參賽。

但我想說的是，**不當權力遊戲的旁觀者，才不會成為受害者，要做一個勇敢的參與者。**

當你打聽到公司內部有哪些職位是你感興趣的，不要怕別人說你有野心，更不要怕失敗，先申請再說，成不成由別人決定，但做不做由你決定。

三、走上權力之路的第一步是打造你的影響力

我的一個學員凱莉在一家金融機構負責營運工作，人長得優雅大方，一看就很幹練，

是個典型的任勞任怨、勤勤懇懇的八〇後。然而作為中階管理者，她感覺自己飽受內外夾攻。

老闆總覺得她除了保障營運工作順暢，還應該成為自己的智囊和參謀。因為達不到老闆對她的要求，老闆開始對她不滿起來。而她支持的其他部門負責人總是把各種勞力活推給她，她只能把這些任務又強推給團隊成員，團隊的人不滿，自然流失率高。老闆一看：「妳怎麼帶的團隊？」對她更不滿了。結果是活沒少幹，卻得不到認可，這使她最終陷入了自我懷疑。

她問我：「難道真的是我能力不行？」

我說：「不是妳能力不行，而是妳影響力不夠。」

一說到影響力，很多人都覺得這是大人物的事，跟普通人有什麼關係？其實普通人才更需要建立自己的影響力，而且上下左右都需要。向上我們需要影響老闆，讓他認可你的能力。如果你是一個業務，你需要影響你的客戶，讓他為你的產品買單。如果你是創業者，你則需要影響投資人和公眾。

我剛剛當上中階管理者的時候，我的導師問我：「妳知道妳現在最應該花時間搞定誰嗎？」我說：「老闆？」他說：「不對，是妳的同級同事。妳想想，關於妳的表現，妳老闆除了自己觀察，還會從什麼人那兒獲得？肯定是妳的同事啊。妳平時最需要什麼人的配合？是不是跨部門的合作啊？」

可是同級，尤其是跨部門的同事才最難搞定啊！你的層級又不比人家高，人家憑什麼聽你的？還幫你做這做那，你給人家發薪水嗎？但這就是展示你同級影響力的時候了。

老闆不敢搞定，同級搞不定，那下級總可以聽我的了吧？也不一定。**權力的確可以決定資源如何分配，但資源中最重要的那部分——人，並不會因為你有權力就隨意被你支配**。事實上，如果你沒有職權，人們還聽你的，願意跟隨你，那麼當被賦予職權的時候，你就會是一個更好的主管。

影響力，說白了就是我聽你的，不僅僅是因為你官比我大，我跟著你不僅僅是因為你給的錢多，而是你有這個能力讓我心甘情願地追隨你。擁有影響力的人通常是團隊裡的隱形領袖，有很多職權之外的話語權，在工作中他們更善於處理衝突、問題，並懂得如何激勵他人。所以當他被賦予權力的時候，會是一個更好的團隊領頭人。

那麼影響力從哪裡來呢？很重要的一點是學會建立及利用人際關係，下一章我們就來討論這個話題。

掌控力練習

列出你需要影響的物件，比如老闆、客戶、下屬、同級部門同事、配偶、公婆等，用1－10分（1分最低，10分最高），分別就你對他們的影響力打分，看看你對哪個人或哪個部門的影響力最低，你能做什麼來提升。

03

你會建立關係，但你會使用關係嗎？

眞正的社交貨幣不是貪婪，而是慷慨。

——啟斯・法拉利（Keith Ferrazzi）

有一次我幫一個業務團隊做培訓，一個女學員問我：「老師，男的湊在一起抽根菸、喝個酒就是稱兄道弟的開始，而我們女的，如果不抽菸、不喝酒，怎麼跟客戶建立關係？」還沒等我回答，班上另外一個女學員，也是她們公司的金牌業務，就站起來說：「我不但不抽菸、不喝酒，我還吃素，建立關係靠的不是抽菸、喝酒，而是要用心。」

的確，我以前做政府關係工作的時候，經常有人誤認為像我們這種工作，還有業務、公關，就是每天陪吃、陪喝、陪聊。這種偏見導致很多女性在選擇工作的時候會盡量遠離這些衝在前線的崗位，而選擇那些後臺的職能部門，感覺更安全。但現實是，越是在前線的人員，越有可能成為公司的最高管理者或者創業者。

僅僅因為害怕和陌生人建立關係就為自己關上機會的大門，有點可惜。只有學會建立並利用關係，才能聯結資源，擴大你的影響力。

內向、社恐的人如何擴大社交圈？

如今越來越多的人給自己貼上了「社恐」的標籤，中國論壇豆瓣上「我患有嚴重的社交恐懼症小組」成員數甚至來到近五萬。我猜這其中有相當一部分號稱社恐的人，實則是社懶——懶得社交。成長在網路世代的年輕人，甚至會習慣虛擬社交而不習慣和真人說話了。

很多時候，社交恐懼與其說是一種自我保護心理，不如說是一種自我選擇。在「有可能被傷害」和「不給別人傷害我的機會」之間，很多人選擇了後者。

日本學者中野牧在《現代人的資訊行為》一書中研究過在社交媒體時代成長起來的年

輕人。他提出「容器人」的概念：現代日本人的內心類似一種罐狀的容器，孤立且封閉，他們為了擺脫孤獨狀態，也希望與他人接觸，但在社交過程中，僅限於容器外壁的相互碰撞，而無法深入對方內部，因為他們拒絕他人深入自己的內心世界。

在關係中，如果兩個人都用容器把自己保護得緊緊的，雖然沒有給別人傷害自己的機會，但這本身也是一種自我傷害，因為你每一次的自我保護都是在強化腦海裡那些假想的意念——我就是不擅長社交。

在我看來，**所謂的社恐人恐懼的並不是社交，而是人際交往中的不確定性**。對我們熟悉的人，因為我們瞭解他的過往，所以大概知道對方會出什麼牌。而對陌生人，我們完全不知道對方是什麼樣的人，會說什麼、做什麼，所以也不知道互動會是什麼樣的。

萬一對方不喜歡我怎麼辦？萬一我討厭對方怎麼辦？萬一沒話聊，變得很尷尬怎麼辦？萬一人家說了比較私密的話題，我不知道該怎麼接話，怎麼辦？……

有一次在上教練課時，在分組討論的環節中，我和一位四十多歲的女教練分到一組，我們要按照老師的要求，給對方講一個真實的、讓自己感到悲傷的故事。她說：「我先來，因為我的這個故事很短。我從生下來就被父母拋棄了，這是讓我一生都很悲傷的事，它成了我人生的底色。」

我也算是訓練有素的教練了，但一個第一次見面的陌生人，沒有一點鋪墊，上來就把這麼私密且令人痛楚的話題拋給我，還是讓我感覺有點不知所措。在短暫的不適之後，我把自己拉回一個教練應有的狀態——好奇、中立、真誠。我問她：「如果可以用一種顏色來描述妳剛才講的人生底色，那是什麼顏色？」她想了想，說：「真是個好問題啊！我覺得是黃色。」

由此，我們開啟了一段美妙的探索之旅，在短短的十五分鐘內，我走進了她的內心，感受到了這段童年經歷為她一生帶來的挑戰以及她抗爭命運的努力。結束的時候，我們倆都感到溫暖且有力量。

對社恐人來講，**與其迴避社交，不如找到讓自己和他人都舒服的社交方式**，這種方式應該讓你感到賦能而非耗能。你可以這麼做：

一、多傾聽，多提問。其實內向和外向的區別不在於能不能說，而在於從哪兒獲得能量。內向的人可以靠傾聽、共情並且提出好問題來跟他人建立聯繫。

二、換框思維。我之前的工作需要結交形形色色的人，有些場合不得不去。帶著這種無奈的心態去社交，自己彆扭，別人也不舒服。但如果我把和他人的互動當作學習而非社交，心態就不同了。比如在參加一些正式場合的時候，我就默默觀察，總結人們在互動的時候遵守的不成文規則是什麼，慢慢地就對這些和自己背景不同的人越來越瞭解，溝通起來也就越來越順暢了。

三、成為一個聯結者。除了傾聽、共情，內向的人可以把關聯能力當作自己最大的武器，把來自不同圈子、互不認識的各方撮合在一起，以資訊優勢創造價值。但是想要成為一個聯結者並不容易，你要清楚地知道A需要什麼，而B又有什麼，才能進行匹配。成為聯結者可以讓你的人脈形成良性迴圈。因為當你去聯結別人的同時，他們之間碰撞出來的火花，就會像滾雪球一樣，又滾出來新的人脈，這樣你自己的人脈也成倍擴大了。

在擴大社交圈的過程中不要著急，即使你付出了努力，跟多數人的關係也可能停留在「認識但沒那麼熟悉」的狀態。不熟不要緊，弱關係也能辦大事。

四、弱關係也能辦大事。所謂「弱關係」，指的是那些平時聯繫不緊密、溝通不頻繁、瞭解和信任都不深的人脈關係。美國新經濟社會學家馬克·格蘭諾維特（Mark Granovetter）研究發現，許多工作都是通過弱關係獲得的。當然，你不能隨便跟不熟的人借錢，因為弱關係缺乏信任；不過在打破資訊壁壘上，弱關係卻非常有優勢。比如我的圈子以七〇後、八〇後為主，在寫這本書的時候，為了能更好地瞭解九〇後女性的看法，我經常在朋友圈做一些小市調。有很多認真回覆我的人，我都不記得她們是誰，但她們提供的資訊卻是非常有價值的。

你看，並不是只有熟人才能幫上忙，所以不要因為不熟就不敢提出請求。但問題是人的精力有限，怎麼在平時和不熟的人保持弱關係，而不是等到有事的時候才想起求人家，顯得很功利呢？我有三個建議：

第一，定期推送自己的近況。我的一個朋友曉雪，每年元旦都會發一篇非常走心的年終總結和新年寄語給她的朋友。在這個圖文並茂的PDF文檔裡，她分享自己這一年工作和生活的變化，以及她的感悟和學習心得。她這麼做已經堅持了快十年，最早是用郵件，現在是用通訊軟體。我每年都還挺期待收到這個文檔的，感覺特別有儀式感，而且很溫暖。

第二，充分利用社交媒體。弱關係可以算是朋友圈的按讚之交，但可千萬別小看按讚這個動作。我發現在我朋友圈經常按讚、留言的那些人，我對他們印象會更深一些。所以對那些你想要保持聯繫的弱關係，不要吝惜你的按讚和評論。至於怎麼發朋友圈才能讓大家對你更瞭解、印象更深刻，可以參考「個人品牌」那章。

第三，分享即聯結。很多人都覺得我一定很外向，其實並非如此，對我來講，去參加酒會、飯局那些社交是一種耗能，能不去就不去。我更傾向於通過自媒體來分享我的生活以及對生活的洞察。這種分享產生的弱聯結不但覆蓋面廣且更有深度。比如現在正在讀這本書的你，我就在通過文字跟你產生聯結，不是嗎？你也可以選擇適合自己的方式去分享，只要能為別人帶來價值，分享即聯結。

搭建人脈網就是搭建價值交換體系

很多人以為，認識的人多就是人脈廣。其實打造有效人脈圈，並不是看你認識多少人，而是取決於你認識什麼樣的人。比如你現在是個程式師，但你想要轉型去做培訓，你想找個人問問怎麼才能進入這個行業。但問題是你老公也是程式師，你們的朋友也都是程式師，誰也不懂培訓。這種人脈圈的同質化就有可能會限制你的眼界和機會。所以衡量人脈圈的品質高不高的一個標誌就是是否足夠多元化。

怎麼才能知道自己的圈子是不是有同質化的問題呢？一個簡單的方法，就是看你的人脈是不是大都來自「自然流量」。所謂「自然流量」，就是同學、同事這些不需要你花費額外精力就存在的關係。一起上過學、共過事就認識了的人，或者像主管、客戶、合作夥伴，主要由工作內容和組織結構決定，而不是你主動選擇的人脈，都算是「自然流量」。

來自《哈佛商業評論》雜誌的統計表明，如果你的人脈裡65%以上的人都是通過自然流量產生的，那就證明你的人脈同質化現象比較嚴重。想要讓自己的人脈變得多元化，需要更主動地破圈，去結交一些跟你背景不同、或者說比你厲害的人。而這就需要我們主動地與那些站在資源、優勢高地的貴人建立聯繫。他們可能是更高層的主管、行業的專家、潛在的客戶等等，這些就屬於「戰略性人脈」。這些人脈可能和你眼下的工作並沒有直接關聯，但能幫你拓展眼界，在未來可能會幫到你。他們通常不是靠自然流量認識的，而是要靠你主動通過「向上社交」去聯結。

不過，向上社交的時候，很多人總覺得自己和那些處於資源、優勢高地的人比起來，要啥沒啥，沒有什麼能拿出來跟別人交換的，就連聊天都是「尬聊」。

大家之所以這麼想，是因為經常會把「攀關係」和「求人辦事」、「占人便宜」聯繫在一起，其實真正持久的關係是一種互惠關係。正如耶魯大學管理學院組織行為學教授瑪莉莎·金恩（MarissaKing）在她的書《人脈風格：找出你專屬的人際關係模式，創造工作與生活的最佳表現》（*Social Chemistry: Decoding the Patterns of Human Connection*）中指出的——**社會關係的基本組成部分是互惠，它是支撐社會交換的流通貨幣。**

有你求人辦事的時候，也有別人求你辦事的時候，所以，當你跟別人建立人脈關係的時候，要給自己一種正向的心理暗示：**我跟別人建立的聯結對我們彼此來講是一種互惠。**

搭建人脈網就是搭建一套價值交換體系，在這套體系中，明線是你們彼此為對方帶來的實用價值，比如金錢、權力、技術、資訊等等，暗線則是情緒價值——在情感方面滿足了對方的需求。比如朋友來找你傾訴她遇到的倒楣事，你耐心聽她的吐槽，不批判、不說教，這就是你能為她提供的情緒價值。

有一次，有個九〇後的創業者邀請我去她的直播間講講怎麼做副業。單純從價值交換的角度來講，我沒有什麼特殊的訴求，但我還是答應了她，因為我想要走進年輕人的世界，她的經歷對我來講很有資訊價值，我幫她釋疑解惑也滿足了我好為人師的情感價值。

所以說價值的定義很廣，你得先瞭解對方需要什麼，才能為他提供相應的價值。而這就需要有同理心和利他思維，尤其在向上社交的時候，不要用力過猛。與此同時，**你要學會展示自己，讓別人看到你的價值**。很多時候，貴人不是找到的，是吸引來的。

在我的第一本書《職得》裡，我講到我的導師 Mark，他在十多年前是如何用一句話點醒我，讓我走出自己的舒適區，去嘗試一些新的崗位，後來又鼓勵我去競選非營利組織的董事。但我其實一直不知道他是從什麼時候注意到我的，畢竟那時候在公司，我就是一個小經理，職位跟他差得特別遠。

幾年前，我終於有機會當面問他這個問題，他說：「有一次我們開高層戰略會，那個會又臭又長，大家都在說一些無聊的話，我都快睡著了。這時候妳站起來發言了，妳一張嘴就讓我眼前一亮，自信、幽默，而且一句廢話都沒有，我當時就心想『這姑娘有意思』。」

你看，**貴人不是天上掉下來的，你得先讓別人看見你**，對方才有可能認識你、認可你、信任你，最終成為你的貴人。如果你開會壓根不發言，在職場裡沒有存在感，別人怎麼知道你是個潛在的人才？要知道，身處高位的人，眼睛都是很毒的，他們很珍惜自己的時間，更珍惜自己的羽毛。他們只會投資時間在那些他們認為的潛力股身上。一旦他們在你身上花了時間，就意味著他們認為你是潛力股。公司內外一旦有好機會，他們一定會想到你，而這種機會通常是你自己埋頭苦幹多少年都未必能獲得的。

在「個人品牌」那一章，我們再深入探討如何讓別人看見你、記住你。

學會誇人——最低成本的人際投資

人脈關係就像是銀行帳戶，我們和別人的每一次溝通與互動，都會對關係帳戶產生影響，要麼為帳戶存錢，要麼領錢。而長期沒有互動，就像是存在銀行的錢貶了值。除了有意識地定期溝通和盡可能幫助他人，還有一種最簡單的存錢方式——讚賞，俗稱「誇獎」。

誇人可以說是全世界都通行的社交貨幣。但有兩點要注意：第一，誇獎不是恭維，後者帶著巴結別人的感覺。如果你把自己放在低人一等的位置，這本身就是在降低自己的影響力。**誇人的核心不是誇，而是看到別人的閃光點，同時積極表達這種認可。**任何一個人，就算你再討厭他，如果你仔細觀察都能發現他的亮點，再把你看到的亮點及時告訴他，這就是「誇」。

第二，誇獎聽起來不難，但是誇得高級並不容易。尤其是當你向上社交的時候，你可能會想：我去誇一個層次比我高的人合適嗎？他需要我誇嗎？會不會顯得我在巴結對方啊？其實，讚美就像金錢一樣，再有錢的人也不會嫌自己的錢太多。職位高的人並不會因為他們佔據資源高位就不需要被誇了，只不過他們更需要被誇到點上，因為平時泛泛恭維他們的人太多了，都不稀罕了。

在做教練時，我們經常需要透過一個人的外在表現看到他的內在實質，同樣的道理也可以用在誇獎上。首先，最基礎的是誇一個人擁有的東西（Having），可以是他的外表形象、穿戴、擁有的實力和資源等。這些都是顯而易見的。不過在向上社交的時候，要盡量避免誇別人的資源，比如：你好有錢啊！你辦公室好大啊！你太厲害了！這種誇會顯得很浮誇。

你可以選擇間接地誇對方，比如誇他的團隊或他的作品。別人誇我的團隊時，我會感覺美滋滋的，因為這說明我用人有方。如果對方最近剛寫了什麼書，最好事先拜讀，然後告訴對方書裡的哪一點對你有幫助。

其次，往上一個層次，可以誇一個人的行為（Doing），比如他做了什麼努力、獲得了什麼能力、怎樣幫了別人等等。有時候，這個行為不需要很大，哪怕就是一個小小的點，只要對你有觸動就行。尤其當對方說了什麼或者做了什麼給你帶來了什麼正向的影響或者改變時，這些細節如果你不告訴對方，對方就不會知道。比如逢年過節，大部分人總是群發祝福語，對方看了也記不住，因為這種祝福資訊實在是太多了。但總有一些學員會私信我，說自己曾經上過我的什麼課，給他們的工作和生活帶來了什麼影響，比如換了工作或者升職加薪。這種以感激對方的行為來代替誇，既真誠又具體，比泛泛地誇一個人要更用心。

最後，**誇人的最高境界是誇這個人的特質（Being）**，比如你通過什麼看到他是一個什麼樣的人。當然，這裡的特質一定是積極的。有一次，我給一家公司做一個直播課，課後大部分人都在誇我講得多麼好，唯獨有一個甲方的ＨＲ說：「高琳老師已經是溝通的專家了，但還是那麼認真地準備這次直播，光測試就好幾遍，看得出來您特別敬業。」我聽了就覺得特別舒服。

誇一個人的特質之所以是最高境界，是因為它最難被看到。如果你能看出一個當事人自己都沒有意識到的特質，而且準確地誇了出來，那簡直就是誇到他的心窩裡去了，對方有可能因為這一句話就視你為知己。

所以你看，誇人要誇得有水準也不是那麼容易的，也要有超高的對他人的關注和洞察，但誇好了就產生了給關係帳戶存錢的作用。等到領錢的時候，就不會捉襟見肘了。

學會求助——
關係都是用出來的

有一次，老闆讓我約見某一線城市的副市長談合作事宜。此人我之前只見過一面，也只有他秘書的電話，我心想：人家怎麼可能會搭理我呢？我哪兒有那麼大的面子？

一籌莫展的我找到一個前輩吐苦水，她聽完我的吐槽，反問我：「問問又怎麼了？人家不答應，妳會死嗎？而如果妳不張口問的話，答案永遠都是No！」是啊，人家不答應，我不會死，不張嘴問才會啊！當天我就哆哆嗦嗦地給那位秘書發了個短信，沒想到對方居然秒回，之後就確認了幾周後約見的時間。

有很多人，尤其是職場女性，都和我一樣，親和力很強，可以迅速和他人建立關係，但是等需要用到關係去找機會、謀福利的時候，就開始扭扭捏捏，總覺得不好意思，磨不開面子。美國行為藝術家阿曼達・帕爾默（Amanda Palmer）在她著名的TED演講《請求的藝術》裡講述了在自己做街頭雕塑賣藝的日子裡，她透過和經過的每個人的眼神接觸，深深地體會到請求的核心是合作，他們給予她金錢的時候，更希望透過幫助他人感受到彼此真實的存在與關懷。

懂得這個道理的人在求人的時候心裡不會覺得歉疚，因為他們相信自己與世界是合作關係而非競爭關係。帶著羞愧請求協助意味著：你的力量高過我；帶著傲慢請求協助意味著：我的力量高過你；**心懷感激請求協助意味著：我們有力量互相幫忙。**

就像《人脈風格》這本書中講到的，「求助甚至可以說是一種饋贈，它允許別人為你服務。」只不過你需要做個有水準的請求者。其中，**真誠是種種技巧的基石，沒有真誠的技巧只能稱為套路。**

有一次，我收到了老同學的短訊，對方希望我能幫他兒子準備一個國外大學的面試，而且就是第二天！我和他二十多年沒見過，也沒聯繫過，但我還是答應了他。我並不是閒得發了大善心，他打動我的原因很簡單，就是真誠。他在短訊裡沒有套近乎，也沒有說一堆客套話，而是直接寫道：「這麼久不聯繫，一上來就求人，真不好意思，但是孩子上學是天大的事……」

真誠就是赤裸裸地展示出自己的脆弱。透過螢幕，我都能看到他作為一個父親，為了孩子拉下臉來求人的苦心。我兒子申請大學的時候，我也求人幫他寫過推薦信，而且也是十萬火急的。所以我特別能理解老同學做父親的心。如果我的舉手之勞就能幫到孩子，甚至能改變孩子這一生，那為何不做呢？

在真誠的前提下求人相助的時候，有三點要注意：

一、讓別人幫你的成本越小越好

請人幫忙不是甩手把事情外包出去就完事了。在請求幫助之前，盡可能將對方幫你所需的時間和精力成本降到最低，這樣別人才願意繼續幫助你，不然幫你一次就怕了。

比如，在求人辦事之前先想清楚你需要別人具體幫你做什麼，在什麼時間達到什麼目的。千萬不要一上來就囉裡囉唆，半遮半掩地說半天，別人也不知道你到底要幹什麼。只有需求清晰了，別人才能判斷是否能幫到你，怎麼幫。

如果用郵件或通訊軟體做文字表達時，要注意篇幅不要太長，尤其不要給別人留語音訊息。如果是打電話或者當面講，更要注意不要一次說太多，要有層次地溝通，先說大方向，再說細節。要是感到緊張，可以先找人練習一下，尤其是開場部分。

二、求一次不行就求兩次

史丹佛大學的一項研究表明，人們更有可能在第一次說 No 後，第二次說 Yes。因為已經說過 No 了，如果再說第二次，可能會有罪惡感。為了避免讓自己不舒服，對方很可能在你求他第二次的時候說 Yes。

當然，這個第二次一定要換一個理由或者換一個需求，否則就成了不依不饒了。

三、閉環溝通，感恩思維

求人辦事的時候，我們經常會通過一個中間人，不管成不成，給中間人一個回饋是對別人的付出最基本的認可。

比如前面說到的那個老同學的兒子，在面試的當天下午就回覆我面試都問了什麼問題，還說他感覺自己發揮得不錯，又一次真誠地感謝了我。這讓我覺得他是一個特別有教養的孩子。他爸爸更是在拿到學校的錄取通知書和獎學金之後再一次感謝了我，這讓我覺得很有成就感，就跟自己家孩子拿了獎學金一樣開心！

在求人的時候，一定要帶著感恩思維，說「謝謝」永遠不要吝嗇。而且要做好閉環溝通，事事有回應，件件有著落。

關係，是一種資源，但它從來都不是一次性的，用得好是可以產生複利的。但是前提是，你需要讓你的資源滾起來，而滾起來的最好辦法就是要先給出去，把自己的資源分享出去，才能獲得更多的資源。

掌控力練習

在建立關係和使用關係的時候，你通常都會有什麼樣的心理障礙？如果你可以按照以上方法做出一些突破，那會讓你的工作和生活有什麼不一樣？嘗試用以下範例來回答上面的問題。

1. 我會獲得更多的＿＿＿＿（Having）。
2. 爲此我需要做更多的＿＿＿＿（Doing）。
3. 我也會因此成爲＿＿＿＿的人（Being）。

04

向上溝通，別讓你的價值被埋沒

成功的關鍵在於提高你的能量。當你提高了能量，別人自然會被你吸引。

——斯圖爾特・威勒德（Stuart Wilde）

我給近百家五百強企業和網路公司講過溝通的課程，上課的時候，我經常會問學員一個問題：「如果在電梯間碰到公司的高層，你會怎麼做？」

A 假裝沒看見，不著痕跡走為上策

B 快快地打聲招呼，然後再開溜

C 試著和大老闆聊兩句

你猜怎麼著？超過80%的學員都會選擇A和B，只有不到20%的學員會選擇C：和大老闆聊兩句。甚至還有學員說，如果不小心和大老闆走進了電梯，就假裝自己忘帶東西了，再出來。

雖說打聲招呼並不會讓你從此一飛沖天，但連招呼都不敢打，還指望有好的專案時老闆能想起你？要知道，無論是在職場還是商場，**你只有被記住，才會被選擇！**尤其對女性來說，會做不會說，可能會被認為沒有自信，不能承擔更重要的職責。

一位五百強企業的男性主管曾經告訴我，在他眼裡，女性員工自信的表現，就是她能在開會的時候積極發言，不管說得對還是不對，敢於提問，不必擔心是不是個傻問題。

很多時候，人與人之間的差距不在於能力，而在於能量。《有錢人和你想的不一樣》這本書裡講到作家斯圖爾特．威勒德說過：「成功的關鍵在於提高你的能量。當你提高了能量，別人自然會被你吸引。」

溝通的本質就是能量的交互作用。你不是燈塔，靠發光就能把別人吸引來，你得溝通，別人才能注意到你的存在。溝通做得好，你的價值就會被放大，財富也因此而放大；溝通做得不好，你的價值就會打折，財富也會打折。

價值是做出來的，也是說出來的

有一次，我給一家民生用品公司做線上培訓。學員中有中國的，也有印度、韓國、日本的。培訓一開始，HR和主管積極，鼓勵大家在練習環節開麥參與。即便如此，除了少數積極分子，大部分中國學員都關著鏡頭不吭聲，到了分組練習時倒是立刻精神抖擻。

而印度同學則全程隨叫隨到，只要我喊：「印度同學在嗎？」他們立馬「哇哇哇」開始回應，整個培訓下來，就他們最積極最能給別人留下印象。身邊有印度同事的人，對這種事應該深有體會。明明幹的是同樣的活，印度同事因為特別會在老闆面前邀功，好像所有的活都是他們做的，升職的機會也往往都被他們「搶走」。為什麼印度人在矽谷能如魚得水？僅僅是因為他們英語講得流利嗎？

很多年前，我在上海為一家製藥公司講跨文化溝通，那天，下面坐著幾個印度學員，講到開會發言主動性這個話題時，我問其中一位印度女學員：「妳能跟大家說說，妳們印度人為什麼這麼能說嗎？」她站起來，走到教室前面，大大方方地說：「因為只有表達我們的觀點，才能表達我們每一個個體。」這句話包含兩個意思：首先，我是一個個體；其次，作為一個個體，我的聲音值得被聽見。

反觀我們華人，從小被教育凡事要低調，不要當出頭鳥，做好自己的分內事，早晚會被看見。然而，在職場上不會說，老闆就很難判斷你值不值。每個職場人都需要明白：工作結果≠工作價值≠主管眼中你的工作價值。**你做的工作和你實際創造的價值以及老闆眼中你創造的價值，其實是三件事。而真正決定升職加薪的，是最後一個。**

舉個例子，假設你是一個負責IT的主管，在跟主管彙報工作的時候，如果你說：「上周我的團隊裝了一個新的伺服器，為訂單部門裝了兩個硬碟，還給庫房新來的員工都裝了電腦，另外還解決了十五個IT服務熱線的維修單。」這樣說，就是工作結果，因為它是從自己工作內容出發的。但如果同樣的工作，你這樣說：「上周訂單部門處理了客戶產生的大量資料，並且還支援了因為新產品上線所需的庫房擴容和員工硬體設施，以保證新產品能按時上線。」這樣說，就是工作價值，因為它是從主管和公司的目標出發的。

看出區別了嗎？前者給老闆的感覺就是個「幹活的」，後者讓老闆聽起來感覺跟他的目標更有關，他也就更愛聽。工作結果是從自己的工作內容出發的，所以你說了算；而工作價值則是從主管的目標出發的，所以主管說了算。工作結果是客觀的，而工作價值則是主觀的。這就是為什麼主管眼中的工作價值和你所認為的價值不一定一致。

這中間差的就是你會不會說！所以，要記住這個公式：**主管眼中的工作價值＝你的工作價值×你的溝通能力。**你的印度同事可能幹了八十分的活，卻能說出一百二十分的工作價值；而你幹了一百二十分的活，最後就說出個八十分的工作價值，這中間差的就是溝通能力。所以你發現了嗎？**加薪升職本質上不是加不加的問題，而是你值不值的問題。**那麼，怎樣跟主管溝通，才能恰如其分地展示你的能力和價值？

總是說不到對方關心的重點怎麼辦？

經常有學員問我：「為什麼我明明按照主管說的去準備彙報內容了，但是上去一講，主管要麼說不是他想聽的，要麼說內容太細，不夠戰略。我又沒有坐到他那個位子，我怎麼戰略啊！而且為什麼主管心裡想要的跟他說的不一樣呢？」因為很多時候，主管確實不知道他到底想要什麼。主管的要求不等於他的需求。要求是說出來的，需求則是更深層次的，想說卻沒說或者自己都沒意識到的更深層的訴求。

賈伯斯（Steven Paul Jobs）曾經說過，如果當初福特（HenryFord）去問用戶要什麼，那答案一定是「我想要一輛更快的馬車」。但實際上使用者真正需要的是一種更快捷的交通工具——汽車。用戶最根本的需求是更快，但他說不出來，只有你將產品做出來放在他面前，他才會恍然大悟：「哦，原來這才是我想要的！」

在職場和生活中，你可以把自己的每一次溝通當作產品，把溝通物件當作產品的潛在使用者。**只有找準他們真正的需求，才能讓他們為你的話買單。**

我們就說工作彙報的場景。什麼叫「不夠戰略」呢？就是缺少+1視角。說白了，就是沒有把主管當作使用者，以他的視角去想問題。但問題是你和主管不在一個高度，和客戶也不在同一個維度，思考問題的角度肯定不一樣，他們想到的，你想不到怎麼辦？怎麼才能更好地瞭解對方的需求呢？

溝通固然重要，但是溝通之前的準備更重要。只有知己知彼，才能百戰百勝。平時擅於觀察和揣摩固然重要，但有時候，與其瞎琢磨，還不如問。關係近的可以直接問，關係遠的可以間接問，注意問要講究方法。千萬不要認為要更戰略，你就必須把戰略兩個字掛在嘴邊，一上來就問：「老闆，您今年的戰略重點是什麼？」好像整個公司就你最能幹。其實，你完全可以問出有戰略性的問題而不帶戰略兩個字。

一個好的問題，是那種非常自然的，但同時又能給你和對方帶來新的洞察、新的視角和可能性的問題。在這裡我提供一個提問的框架供你參考：

第一，問態度立場。可以先去問你的主管，對你要彙報的這件事情，他的態度和立場是什麼，他對這個案子有什麼想法。在問的過程中，不要侷限於過去和現在，還要往未來去問。

第二，問決策標準。不知道什麼是好，做了也是徒勞，所以決策的標準和成功的關鍵要素一定要問清楚。既然老闆有時候不知道他要什麼，那你可以問他不要什麼。人通常在吐槽的時候，話都特別多。你把這些資訊翻轉過來，不就是他想要的了嗎？

第三，問顧慮風險。主管對你提議的這件事情可能存在顧慮。在問相關風險的時候，不能僅僅限於你自己的一畝三分地，還需要考慮到其他利益相關者，可能與他們產生的衝突也要考慮進去。

最後，作為一個CEO，我跟你們透露個底，如果主管遲遲不回覆，通常不是他忘了，而是他不知道要怎麼做決定，所以決定以拖待變——他希望讓子彈飛一會兒，說不定這事就過去了。而如果你希望主管給出一個明確的回覆，可以用提問來代替不停地催促。你可以問：「對這件事，您還希望我提供哪些資訊從而幫您更好地做決定？」總之，提出一個好問題，才能得到好答案。

態度立場	◆ 您對這個案子有什麼想法呢？ ◆ 您對我們的工作進展感覺怎麼樣？ ◆ 這個數位化專案對我們公司未來的發展意味著什麼？ ◆ 在您心目中，3 年以後，這個系統是什麼樣的？
決策標準	◆ 在這個案子裡，您覺得最關鍵的是什麼？ ◆ 做好這個案子的關鍵要素是什麼？ ◆ 對這件事，您還希望看到的最好的結果是什麼？ ◆ 您最不想看到的、最不能接受的是什麼？
顧慮風險	◆ 這個案子主要會對哪個部門帶來影響？具體是哪方面的影響？ ◆ 在這個案子裡，您還希望我提供哪些資訊從而幫您更好地做決定？

如何在工作彙報中用故事影響他人?

我在二十多年的職業生涯中，有近十年和自己的老闆不在一個國家，而在這期間我被升職了五次，從負責中國區到負責一個全球團隊。不謙虛地說，這其中一個重要的因素就是我具有在彙報中講故事的能力。

「講故事」和「做彙報」，聽起來風馬牛不相及，為什麼要在彙報中講故事呢?因為講故事的能力，能幫職場人脫離彙報時的三個坑。

第一個坑：只講結論，不講過程，吃虧白忙活。

很多職場人都覺得，老闆是雇自己來解決問題的，把問題解決一切都好，然後準點彙報，直戳結論，把所有過程都略去。做事以結果為導向當然是對的，但彙報中講過程也是有意義的。老闆每天關注的始終有限，如果你不說你在解決問題的過程中遇到的困難和收穫，他是很難看在眼裡的，最後導致「會做不會說，吃虧白忙活」。而最差的結果就是，老闆不僅不會讚賞你的工作效率，還會覺得「他看起來挺輕鬆，再給他加點活吧!」

第二個坑：只講事實，不講情緒，價值被埋沒。

很多職場人都覺得，在彙報中摻雜情感會扣分，但事實並非如此。我舉個例子。

假如你負責接從國外總部來的同事去見客戶，接待順利結束，你有兩種彙報方式，一種是只講事實：「老闆，我們在三月十二到十五日接待了國外同事，一切順利，客戶也很滿意。」是不是很平淡？老闆只知道你的待辦清單中又少了一項，根本沒看到你在這件事中的價值。

另一種是在彙報中適當加入衝突和由此帶來的情緒：「老闆，我們上周帶從國外總部來的同事去見客戶。本來是要見A客戶的，結果客戶家裡突然有事來不了了。這可把我們急壞了，大老遠來的，不能撲個空啊！後來，我們又緊急聯繫了B客戶，還參觀了他們的工廠，談得特別好。總部同事離開之前，A客戶正好也忙完了，我們也見上了。最後離開時，總部同事說，感受到了我們的客戶關係做得很好，團隊也很有戰鬥力。」你看，適當加入衝突和情感的成分，不僅讓整個彙報變成了一個故事，還從側面體現了你的工作價值。

第三個坑：只講道理，沒法打動人。

其實說白了，全天下的道理就那麼幾條，你會講，你老闆也會講。說不定你講的道理他聽得耳朵都長繭了，別說認同你了，甚至會心生厭煩。更高級的彙報方法，是把你的道理、想表達的理念穿插到故事中。

那我們該如何提升自己在彙報中講故事的能力呢？你首先得知道，在你向老闆彙報的時候，他腦子裡在想什麼。一般人覺得老闆只會想一些可以用資料衡量的東西，比如出現的問題、技術上的更新、銷售的金額、產品的成本等。這些被我們稱為「理性目標」，很重要，也是每項工作彙報的主線。但就像前面說的，如果只講可以用資料呈現的東西，那如何體現你的價值？

想要提升講故事的能力，需要額外關注彙報中的「感性目標」。比如讓主管意識到事情的嚴重性和緊迫性，從而能盡快做出決定，或者是讓他意識到你的能力有多大，你團隊的潛力有多高。這時候，你就需要一個個故事把你的「感性目標」加入彙報中，再用「理性目標」這根繩子把它們穿起來。

總之，**工作能力決定了你的職場下限，工作彙報能力決定了你的職場上限**。而在工作彙報中講故事，更是提升彙報能力的最好方法。關於更多講故事的方法和即學即用的範本，可以參考我的書《故事力》。

日常開會如何展現高級存在感？

對很多職場人，尤其是剛剛到一個公司或者職位的人來講，開會的時候如何發言，如何提出自己的見解，展現出存在感，是非常棘手的問題。不積極發言吧，沒人看到你，你可能就會錯過很多機會；但有時候，有的話又不知道當說不當說，想說但怕說了不合適，這個火候又怎麼把握？

一、會前做好準備

首先你要知道，**刷存在感沒問題，怕就怕刷沒有意義的存在感**。我見過很多人在會上發言僅僅是為了讓老闆們覺得自己很厲害，但說出來的東西一點營養都沒有。所以，在參會之前你一定要做足功課，包括：誰會參加、這些人之間彼此的關係是什麼、會議的主要議題是什麼、在開會之前大家都討論過什麼、當時會上都有哪些矛盾點和懸而未決的事、你又可以在哪方面給出具體的建議……等。

這就好像你去旅遊，需要提前做好攻略，這樣可以少走彎路。開會也是一樣，要是不提前看清形勢，貿然採取行動，你不踩雷誰踩雷？

二、會中巧妙插話

等到開會的時候，你需要觀察一下：是不是一直是主管講話，其他人只需要記下並執行？會議上都是誰經常發言？你同級的同事都是怎麼提出自己的建議和看法的？如果大家都踴躍發言，那我的建議是你可以主動一些。

在會上，最難的是如何插話，因為不像主管，總有人會主動問：「老闆，您怎麼看？」如果你不主動插話，很有可能這個會你從頭坐到尾都說不上一句話，毫無存在感。

我教你一個小竅門，叫作聯結，就是從前面人說的話聯結到自己想要說的。比如你可以說：「剛才張總問到這個案子對我們的長期影響是什麼，我們團隊最近正好做了這方面的一些調查……」

有時候，在參加會議的人中，你可能是級別最低的，人微言輕，說話就顯得沒有分量。因此你特別需要在表達自己觀點的時候，為自己的話找到背書以增加權威感。

比如你可以說：「剛才王總提到，A市場是我們的戰略重點。我最近剛讀了一份有關A市場的研究報告……」這樣說就相當於用研究報告給自己背書。

開會時最常犯的錯誤是好不容易逮著說話的機會了，就沒完沒了地說下去。其實，不一定非要在會上一次性把所有的資訊都講完，你可以挑重點說，然後告訴主管，你之後會把詳情發給他。這樣做，一來不會佔用大家太多時間，二來可以讓你在會後有機會和高層建立更持續、更有價值的聯繫。

還有一個竅門是很多人都沒有意識到的：最安全的發言是提問。有時候，一個好問題就是好答案。

比如，我之前工作的時候遇到一個情況，當時的公司正在準備業務拆分重組，但還沒有正式宣布，這個時候有總部的高層過來開員工大會，和大家打打氣。

會上有提問環節，一般的員工肯定問自己關心的：「聽說×××公司要把我們給買了，是這樣嗎？」但別忘了，這些高層都是受過媒體培訓的，知道如何避重就輕。像這種問題，問了也白問。更何況，直來直去，也並不能為你加分。問得尖銳，甚至會被當成挑釁。

那什麼樣的問題能加分呢？記住一句話：讓對方站在合作的立場上，幫你解決問題。

我當時是這樣問的：「現在外面有很多關於公司業務拆分的謠傳，這不但給大家專心工作帶來了很大的干擾，還給客戶帶來一些恐慌。我知道有些事您也不好回答，但我很想知道面對這些干擾的聲音，您對我們在座的員工有什麼建議？」

這個問題一方面是站在合作而不是對抗的立場；另一方面，它呈現的是請教的姿態，請對方提建議。既有禮貌，還不給對方打太極的機會。

三、會後主動跟進

最後，在會議結束的時候，你可以主動跟進會上討論的一些問題。不過在認領超出你工作職責的任務之前，一定要確保你的手沒有伸得太長。如果你不是很確定，最好在會上先表示自己有興趣參與，然後再和自己的老闆確認一下。

就算會上沒什麼需要跟進的事宜，你也可以在會後跟比較熟的一些參會人員聊聊會上討論的議題，看看他們有什麼意見。你會發現，同一件事，每個人的看法都不一樣，這對你瞭解公司的全域，培養自己的系統思維很有幫助。

總之，開會是一個職場人最重要的溝通場景，也是彰顯自己能力最重要的時機。想給主管留下深刻的印象，**不要刷沒意義的存在感，更不要打無準備之仗。**

被挑戰時，沉默也是一種語言

我做向上溝通的培訓，講到「即興問答」這個環節時，經常看到學員抽到問題馬上張嘴就答，想都不想。現實工作中也一樣，主管一提問，很多人馬上就回答。看似很自信，但其實要麼說得語無倫次，要麼邏輯不清，還顯得急著為自己辯解。

所以我每次都建議大家在被主管提問甚至挑戰的時候，不要急著回答，而是先停頓幾秒鐘再回答。但總會有人說：「哎呀，那多尷尬呀！」「我可受不了那種沉默！」「老闆會不會覺得我心虛呢？」

的確，沉默讓人很不舒服，尤其是對愛說話的人來說，沉默就像是在扼殺他左右逢源的社交才能。覺得尷尬是很正常的，但越是這個時候，誰更沉得住氣誰就贏了。

有一個「尷尬的沉默」的經典案例。一九九七年，離開蘋果十餘年的賈伯斯回到了蘋果公司。一次，他在蘋果全球開發者大會上回答問題時，一名工程師向他發飆：「賈伯斯先生，你是一個聰明而有影響力的人，但可悲的是，剛才的幾個問題，你顯然不知道自己在說什麼。我希望你能說明白Java（一種電腦語言，主要用於創建網站）及其任何版本是如何處理OpenDoc（開放文本）中的創意的。當你說完這些後，也許你可以告訴我們，你本人在過去七年裡都做了些什麼。」

大多數人受到這樣的公開質疑和攻擊，一定會立刻予以強烈回擊。但賈伯斯並沒有。他在眾目睽睽之下，停了下來，靜靜地思考。沉默持續了大約十秒鐘。「你知道」，他喝了一口水開始回答。「有時候你可以取悅一些人，但是……」他又停頓了一下，這次大約是八秒鐘。然後，他認同了工程師對他的指責。接下來，他開始慢慢解釋，作為CEO，他的職責並不是知道每一個技術細節，而是把握全局。這兩個停頓有不一樣的作用，第一次是為了給自己足夠的時間來穩定情緒，第二次是為了給出一個經過深思熟慮的、引人注目的回應。

賈伯斯的這一反應，被視為應對危機的經典案例。沉默，看似什麼都沒說，但其實也是一種語言。它表達的可能是「我在思考」，可能是「我不同意」。

沉默還能夠平衡理性和感性，讓自己在被情緒掌控之前先想想這話該不該說，怎麼說。畢竟嘴張著的時候，很難思考。十秒聽起來不長，一旦你給大腦時間，讓它去做該做的事情，你會驚訝於它能完成什麼——把事情想清楚。

英國大文豪卡萊爾有一句名言：「蜜蜂不在黑暗中釀不出蜜，頭腦不在沉默中靜思產生不了偉大的思想。」

所以在開會的時候，當被問到一個具有挑戰性的問題時，要抵制住張嘴就來的誘惑。先沉下心來，再靜默幾秒。心不沉，默不了。而這需要你鍛煉自我覺察能力。與此同時，你需要把停頓當作一個單獨的溝通環節，這個環節的目的就是留白。然而，很多時候，女性經常會選擇用笑來代替這個停頓環節。

我曾經培訓過一位女性高級業務主管，她是整個高管團隊裡最年輕的，也是唯一一位女性，所以特別希望自己能夠提升氣場，最起碼不能讓男同事碾壓。我給了她一個建議：

少笑！因為我發現她和很多女性一樣，經常會用咯咯笑來填補談話過程中的沉默或者掩飾自己的尷尬。這樣的笑非但毫無意義，甚至會減分，因為這給人一種討好和取悅的感覺，從而削弱你的權威感，讓你的氣場隨著笑聲減弱。

要知道，你不是客服，不需要每時每刻都堆滿笑臉。要笑，就真心地笑，無論是默默地微笑，還是開懷地大笑。總之，**在溝通中，要學會為自己和他人留白。這意味著你要學會忍受尷尬的沉默。**

掌控力練習

如果說溝通的本質是能量的交互，那阻礙你的小宇宙釋放能量的因素是什麼？結合本章中講到的溝通技巧，你可以做哪些溝通上的改變，讓你的能量釋放出來？這會給你的工作和生活帶來什麼樣的不同？

05

個人品牌，讓自己增值

個人品牌就是當你離開這個房間，別人怎麼說你。

——貝佐斯（Jeff Bezos）

我以前在企業裡做了十一年的技術工作，但我一直想轉去更核心的業務部門，這樣可以更好地發揮自己和人溝通的優勢和熱情。後來公司的政府關係部門好不容易有一個空缺，我就去找當時中國區的老大申請。

那時候他剛來公司，跟我也不熟。而我當時是公司亞太區ＩＴ部門的負責人，跟政府關係部門八竿子打不著，所以一開始他對我的申請不置可否。後來他正好去總部出差，順便瞭解了我的情況，回來以後他就答應了。

是什麼讓他相信我這個毫無這方面背景的人能勝任這個工作呢？因為總部的高層一說起我都會說：「高琳啊，會溝通，情商高，推得動事，搞得定人……」還有一個我非常敬重的女高層說的是——衣品好。

我們每個人在別人心目中的形象都是全方位的，當別人想到你，就想到與你相關的事物，這就是你的個人品牌。比如，想到董明珠，就會想到格力、霸道女總裁；想到楊瀾，就會想到知性、主持人；想到賈伯斯，就會想到蘋果、創新和對美的極致追求。

個人品牌可以讓打工人從默默賣苦力變成巧妙賣實力。沒有個人品牌，你在公司就是個人力，就算你再能幹，也頂多算是個人才。而有了個人品牌，你多多少少也算是個人物了，機會來了別人才能想到你。

所以我創立「有意思教練」的初心，就是想幫助職場人打造自己的影響力，讓他們能更好、更貴地把自己賣給老闆。後來我們平臺上集聚了越來越多的自由講師和教練，我發現他們更需要個人品牌。為什麼有的老師課程一天賣八千，有的賣一天賣八萬，真的是能力差得那麼遠嗎？不是，而是後者有更強的「品牌溢價」。

一個產品的品牌與身價有著緊密的聯繫，越知名的品牌就越貴。所以我又開始透過認證課程來賦能這些自由職業者，並幫助其中做副業和創業的人，幫助他們打造個人品牌，讓他們能更好、更快、更貴地把自己賣出去。

什麼是你獨一無二的價值？

很多人認為打造個人品牌就是立人設，我並不贊同這個說法。我之前教練過一個高級主管，在做全面訪談採訪他的利益相關者時，有的人說他很 nice，說話很委婉，也有的人說他脾氣不好，經常在會上發脾氣。

後來我才意識到，原來說他 nice 的都是那些對他重要的人，比如上司和惹不起的同級。而說他脾氣不好的，則是那些對他不重要的人，比如不待見的下屬和惹得起的同級。原來他所認為的管理利益相關者，不過是管理自己在利益相關者心目中的印象，俗稱人設。他知道一個 nice 的人設，是受老闆歡迎的，所以給自己立一個這樣的人設。

這種人設是為了迎合別人而設計出來的，正因為是設計出來的，所以它總是完美的。但問題是沒有人是完美的，所以我們經常看到某某明星人設崩塌。而**個人品牌是活出來的，你的言行舉止，能讓別人感受到「你是一個什麼樣的人」**。這樣的個人品牌不是完美的，卻是真實的。

事實上，品牌指的是兩個方面。品，是「產品」。無論你是打工人還是創業者，如果說我們每個人都是一個產品，老闆、客戶就是我們這個產品的買家。我們用自己的專業能力為他們提供價值。牌，是「牌子」。每個產品都有自己獨一無二的牌子，牌子越硬，賣得就越貴。

很多人都會擔心自己那點經歷和本事根本不值得一提，沒有什麼拿得出手的地方，也沒什麼特色。其實，並不一定最美、最好、最厲害的才能成為你的特色。山外有山，樓外有樓，就算你再好、再厲害，放到一個更大的時間、空間裡，可能都不算什麼。**重要的不是你比誰更厲害，而是在你自己的眾多特質中，哪個是最突出的。**或者說，你最想讓別人知道的價值點和獨特性是什麼。

你的特質不需要在全世界獨一無二，僅僅在你所在的圈子裡獨一無二就能讓你從眾人中脫穎而出，而這就滿足了個人品牌的獨特性。比如：我有一個學員，她在三個國家、四個城市工作過。這其實也不算獨一無二的經歷，但她不到三十歲，在她所在的環境中就顯得獨一無二了。

獨特還可以是鮮明的個性、與眾不同的打扮、幽默的談吐等。比如我在正式場合永遠穿紅色，因為它是我的個人品牌色。在茫茫人海中，這種高辨識度的顏色，能讓別人看得見、記得住。一個朋友曾經跟我說，她第一天認識我就記住了我。那次我去華盛頓開會，在一場商務活動中，大家都西裝革履，一本正經地站在那兒。只有我穿了一身紅西服裙，一路小跑進來。她說：「通常在華盛頓的這種活動中大家都穿得像出席葬禮，而妳那一抹紅，點亮了整個房間。」

一個人可能會有很多獨特的地方，在不同的場合，面對不同的物件，你需要展現你不同的一面，只有這樣你的個人品牌才更立體。比如：在一個需要我展示權威性的場合，我可能會讓別人知道我個人經歷中職業的亮點或者博士身份的一面。而在一個更輕鬆、更需要展現親和力的場合，我會告訴大家，我的獨一無二是我和我老公讀碩士和博士時都是同學，我們是念ＭＢＡ的第一天認識的，畢業第二天結的婚，而且我兒子和我們也是校友。

當然，光有這些獨特性還不能形成品牌，如果你的這些特質不能給別人帶來任何價值，那它們可能僅僅是「個人標籤」而已。因此，你還需要定義你的產品價值。想一想：當別人遇到困難時通常會因為你的哪方面特長來找你幫忙？換句話說，就是你有哪些特別的價值可以為他人所用。這就是你的產品價值。

比如：我有一個學員非常擅長做思維導圖，這就是她的價值，她經常在我們上線上訓練營的時候主動把自己做的思維導圖發到群裡。後來我們索性付費找她給我們製作課程思維導圖。

和獨一無二一樣，你可以有很多不同維度的價值，可以是專業層面的，也可以是生活層面的。比如別人通常會請教我如何講好故事、怎麼才能成為一個好主管、如何才能成為一個職場教練、中年婦女如何做好身材管理、怎麼才能像我一樣精力充沛等等。當他們遇到類似的問題會來找我，因為他們知道我在這些方面很在行。

從「你是誰」到「誰知道你」

打造個人品牌是一個長期的系統工程，它包括兩項內容：首先，要找到自己精準的定位，也就是回答「你是誰」這個問題；然後才能把這個定位通過某種管道傳播出去，回答「誰知道你」的問題。

這兩個問題都不容易回答，而且這兩者之間還相互強化。比如：在公司裡，如果你有「非常能幹的技術專家」這樣的個人品牌，很多人知道以後就會帶著技術難題來找你諮詢，這就讓你的專業能力得到進一步的提升，在別人心目中你就更是專家了。這就是定位和傳播之間的相互強化。

那麼究竟什麼是定位呢？舉個例子，找工作面試的時候，通常面試官無論問什麼問題，怎麼問，最終都是想搞明白這兩點：

- 你是誰？
- 為什麼是你？

這其實就是你的定位。只不過作為打工人，你的定位多多少少都是跟自己所在的行業、職位綁定的。比如：你要是個ＨＲ，你的定位可能僅限於是做ＨＲＢＰ（人力資源業務合作夥伴）還是做ＨＲ薪酬、培訓。而一旦離開公司所提供的平臺，走進更大的市場，無論是選擇副業，還是探索自己的職業第二曲線，都會面臨重新定位的問題。這時候，你就不再是在現有的平臺做選擇題了，而是要做填空題。

比起選擇題，這些填空題更難，因為沒人給你選項，而你可能只知道自己不喜歡現在的工作，卻不知道自己到底喜歡什麼，擅長什麼，怎麼賺錢。對我來講，當年我離開企業的時候，只是想要成為一個自由職業者，但具體要做什麼我也不知道。一開始很興奮，這個想試試，那個也想做做，就像是小孩第一次在沒有爸爸媽媽的陪伴下走進糖果店，可以隨便選糖果時，反而傻了。最後一轉眼好幾年過去了，還是不知道自己到底想要專注在哪個領域。

定位的重要原則就是不能什麼都想要，否則只會什麼都得不到。就好像我認識的一位大學校長跟我說的：「如果一個老師跟我說他什麼都會講，那我就認為他什麼都講不好。」個人品牌的定位越清晰，越容易吸引到對的人和對的客戶。比如同樣是我們故事力的認證老師，有人把自己定位在教青少年怎麼講故事，有人把自己定位成教高階主管做演講。你的定位決定了你會吸引到什麼客戶。但如果你今天跟別人說你教青少年，明天又說自己是職場的演講教練，客戶就被搞糊塗了。

那怎麼才能找到自己的定位呢？分兩步：先向內探索自己的優勢和熱情，再向外測試市場價值。

第一，找到個人優勢的三種方式

沒有人能在非優勢領域獲得成功，也沒有人能在沒有熱情的方向堅持。但是在探索自己的優勢上，很多人會陷入一個誤區——感覺自己什麼都一般，沒覺得哪裡比別人強。這是因為沒有正確理解什麼是優勢。

我以前也以為優勢就是自己比別人強的地方，直到後來和劉佳、舒祺老師合作「職場定位線上訓練營」才意識到，原來我一直理解錯了。**優勢，不是比別人強，而是讓你會的更會、強的更強的特質。**比如：溝通算是我的一個強項，但要把我跟辯論高手比起來，我那點溝通能力又算得了什麼？學習也算是我的強項，但要把我跟清華或北大的優等生比起來，又算得了什麼？

但是，當我用溝通這個優勢去撬動學習這個強項的時候，就讓我有了這麼一個絕活——無論多麼高深的理論，只要我學明白了，我就能迅速地把它用大白話講出來，讓別人聽明白。這不就是我為什麼寫書、教課、做培訓嗎？那怎麼才能找到自己的優勢呢？主要有三個方法：**優勢測評、自我反思、他人回饋**。

做優勢測評時可以使用類似蓋洛普優勢測評這種專業的測評工具。但是這種專業測評要是沒有專業的教練來解讀，你也看不出太多有價值的資訊，所以還是建議你把專業的事交給專業的人去做。我年輕的時候沒那麼幸運，從來不知道優勢還有測評，所以我只能在工作中，採用觀察、自我反思和總結這些笨辦法來找自己的優勢，好在這樣做也能獲得自我認知。

比如我MBA畢業後在工廠做了兩年供應鏈，後來又做了十一年IT，都是和機器、系統打交道的。我發現，那些做業務的老大，一聽別人講IT系統就放空，但一聽我講就明白了。原來溝通就是我的一個優勢；後來我在公司內外承擔了很多社會職務，包括做公益活動，在這個過程中，我又發現，原來我還挺能影響別人的。

這樣不斷地反思、總結，慢慢地就對自己越來越瞭解。而專業的測評，可以用來解釋和驗證我對自己的瞭解。所以當看到我的蓋洛普優勢的前五項中有三項都在「影響」這個分類，我一點也不奇怪。

在我的職場定位訓練營，也介紹了很多簡單的自我探索方法，比如「SIGN 模型」，即 Success（成功）、Instinct（天性）、Grow（成長）、Needs（需求）優勢信號模型，就可以用來在平時觀察、反思、總結自己的優勢。

SUCCESS（成功）——感覺自己肯定能做好

有些事情你還沒做呢，就感覺自己肯定能成功，而且一做就能做得挺好。比如溝通於我來講就是這樣。

INSTINCT（天性）——不做就難受

就是那些不做就難受的事。比如我老公就特別喜歡創新，他每次都喜歡在培訓的時候來點新花樣，否則就難受。

GROW（成長）——做就有進步

前兩種都是屬於比較本能的優勢，後兩種就更像是後天的優勢了。比如我之前雖然擅長溝通，但並不會體系化地講一個概念。自從讀了博士，我就發現這種結構化思考和建模的能力是我學了就會且做了就有進步的。

NEEDS（需求）——做完很酸爽

寫作於我來講，就不屬於先天優勢，經常腦子裡一堆想法，但寫起來好像又不是那麼回事，就會很煩躁，總覺得自己的文字跟不上腦子。但每次寫完以後又感覺很酸爽，下次還想寫。

所以你看，優勢不一定就是天生的，後天也可以培養。而且，你有沒有發現 SIGN 的四個解釋中都有「做」這個字？的確，優勢不是想出來的，是做出來的，在不斷做事情的過程中才能不斷地摸索。

第二，三個問題，驗證你的市場價值

我參加了很多年的 Toastmasters 國際演講俱樂部，這是一家專門提升公開演講和領導力的非營利組織，俗稱「頭馬」。這裡面有很多對演講感興趣的小夥伴，但很多頭馬的朋友都有這樣的問題：「我每次參加演講比賽的時候都掌聲雷動，可出來做培訓的時候卻舉步維艱，好像自己的競爭力並沒有想像中的那麼強，為什麼會這樣呢？」

道理很簡單，找到適合自己的品牌定位，光有優勢跟一腔熱情還不夠，還要接受市場的檢驗才行。

掌聲並不代表你好，別人說你好也不代表你真好。你到底好不好，有多好，只有市場才知道，而市場上唯一信得過的衡量標準就是錢。正如我認識不少教練朋友，他們免費做教練的時候，大家都來找，可一說要收費，人就都跑了。可見不談錢，你就不知道誰才是你的真實用戶，更不知道你真正的市場價值。

而談到市場價值，就需要回答這三個問題：

- 你想賺誰的錢？
- 誰的錢讓你賺？
- 你靠什麼賺錢？

對打工者來講，這些問題相對簡單，因為在公司，無論你是編程還是財務，都是為老闆、同事、客戶提供服務，並由此獲得相應的報酬。但是別忘了，打造個人品牌是為了能讓你增值，為此你就必須提供增值服務。也就是除了本職工作，你還能為主管、為團隊、為公司，甚至為社會提供的額外價值是什麼？比如：我有一個做業務的下屬，別看是個技術男，歲數也不小，但他就是特別會做ＰＰＴ，而且美感非常高級。我培訓的教材都是他幫我做的。這就是他在本職工作之外提供的額外價值之一，他在公司的影響力也因此和以前不一樣了。

如何傳播個人品牌讓更多人知道你？

我有個學員是一個研發團隊的財務總監，她想在公司裡建立既懂財務又懂業務的個人品牌，未來如果有一天離開企業也可以做一些財務顧問類的工作。

這就涉及打造個人品牌的第二步——傳播。你需要考慮：

- 有哪些傳播管道？
- 用什麼方式觸達？

具體來講，針對這樣一個定位，當你去宣傳自己的時候，受眾是誰？是財務部內部的主管，還是公司的其他高層？而針對這樣的受眾，你打算用什麼管道去宣傳？是經常在公司裡寫一些文章發表在內部刊物上，還是做一些線上線下的分享，或者拍短影音發在社群上，以及在公司外面做一些公益的甚至是付費的分享？

比如我當時從做IT轉型去做政府關係，並沒有從事政府關係工作的相關經驗。於是我通過參加行業商會並成功競選為商會董事來建立政商界的人脈資源，逐步樹立一個令人信服的政府關係專家的品牌。

品牌傳播是一個專業領域，對初學者來講，有兩個簡單的方法可以迅速起步：講好個人品牌故事，用好社交媒體。

一、講好個人品牌故事

你有沒有想過，為什麼幾乎所有的奢侈品都有一個品牌故事，很多大公司的創始人都會在不同場合反覆講自己的創業故事？

第一，品牌之所以需要講故事，主要是為了體現品牌的與眾不同，只有具有獨特性和記憶點，消費者才會為此支付更高的溢價。比如農夫山泉的廣告講了一個「我們不生產水，我們只是大自然的搬運工」的故事。本來礦泉水就是礦泉水，但這個故事讓消費者覺得這水好像有點不一樣。

第二，品牌故事，尤其是創始人的故事能和消費者之間建立起情感的共鳴。馬雲和他的「十八羅漢」創業的故事讓很多人與他產生共鳴，只不過大多數人只有那份心，卻沒有那份膽識，因此就更加嚮往。

第三，通過故事強化品牌內涵。故事賦予品牌以靈魂。本來皮包就是皮包，但奢侈品 LV 通過講述一個從小離家出走的小皮具工匠如何把 LV 的皮箱打造為皇家專寵，進而引得全球富豪為之一擲千金的故事，讓 LV 這個品牌更有內涵，同時也提高了品牌的檔次和知名度。

同理，對個人品牌的傳播來說，想讓一個陌生人快速地認識你、瞭解你、認同你並信任你，最好的方式就是講好個人品牌故事。這個故事，可以讓別人記住你是個怎樣的人，樹立你的專家形象。尤其是當你要跳槽、轉型、轉行的時候，更需要透過講一個關於你的新故事來樹立新的個人品牌形象，從而吸引到新的雇主、客戶和合作夥伴。你需要透過一個故事，把你的過去和現在結合起來，將你過去的亮點遷移到現在，讓別人看見你獨特的價值。

比如我在創業初期用的一句話標籤是：從五百強高階主管，到主管們的教練。把它展開變成一個故事是這樣的：我曾經在外企工作了二十年，從一個職場小白一直打怪升級到高階主管，但是後來我漸漸陷入了迷茫，繼續這麼待下去不過就是擁有更高的頭銜和更大的辦公室，那又怎樣呢？可是如果不在外企工作，我還能做什麼呢？又靠什麼養活自己？我不知道答案，那段時間我非常鬱悶。後來透過參加頭馬演講俱樂部和公司內部的一些活動，我逐漸意識到我喜歡且擅長溝通，熱愛幫助別人。既然如此，那不如就教別人怎麼在職場打怪升級。所以我開始嘗試做培訓師和教練，幫助職場人提升溝通效率和領導力。

這個故事既解釋了我為什麼轉型，又解釋了我過往的經驗如何能在新的場景下發揮價值。這樣看起來，我雖然不是HR，也沒有培訓師的經驗和背景，但是我理解職場人的痛點，所以講出來的東西更具有真實性。

我的書《故事力》裡提供了三個人人都需要的故事和六大故事模型、八個應用場景，其中包括很多個人品牌故事的技巧和精華，也歡迎你參考。

二、善用社群媒體

普通人如果不是自帶資源，而是從零開始做推廣，最容易上手且性價比最高的方式，就是做自媒體——成為意見領袖、拍攝影音等。挑戰在於，每個平臺比如臉書、ＩＧ、抖音、小紅書、推特都有自己的調性，要找到最適合自己的並不容易。並且，今天的自媒體早已是波濤洶湧，因此要做好充分的準備，可能前期做很久都看不到任何效果，但我依然建議你把它當作一個專業的事情去投入、去堅持。

如果這對你太難、太費時間，那就從最常用的社群媒體開始吧！**經營好你的朋友圈，是最簡單有效的傳播個人品牌的方式**。我最初的生意80%都是朋友圈帶來的。現在的社群朋友圈已經不是私密的朋友圈了，為什麼有些人的朋友圈慘遭遮罩，而有些人卻能把朋友圈經營得有滋有味，能讓人記住，甚至還能形成自己獨特的個人品牌呢？

首先，你需要意識到，發在社群媒體上的所有內容，都是你公開人設和社會履歷的一部分。**你的每一則post（貼文）——你發的每一張照片或轉發的每一篇文章都從某種程**

度上代表了你的價值觀和個人品牌。你可以完全不發，但只要你發，別人就會通過看你發的朋友圈來了解你。

你不需要讓每則貼文內容都像是經過精心修飾的文案，但起碼要保證你發每則貼文都是一個有意識的行為。這意味著，在發之前你要多動腦子，不能把社群貼文當作發洩消極情緒的出口，因為別人沒有義務當你的情緒垃圾桶。

其次，用價值思維推廣自己，銷售產品。發文的時候，你要想想：這條資訊為他人提供了什麼價值？是增加了認知，提供了某些對別人可能有用的資訊，還是滿足了情感上的共鳴？

我通常會把我的發文內容分為生活類、價值類和「帶貨類」。我會把這些內容交替著發，並且盡量做到每一條都是有價值的。生活類的內容需要具有娛樂性。你可以秀恩愛、曬自拍、曬娃，但如果不想招人煩，就要學會幽默、自嘲自諷，這樣才能讓人看完會心一笑，這就是情緒價值。比如，我的一個朋友是個作家，她每次發她和兒子的對話，都讓我樂不可支。

你也可以曬美食、曬景點，但不要就簡單配個「好吃」、「打卡」這種可有可無的文字，而是要說出好在哪兒，給別人一些有用的資訊或建議，讓它具有一定的實用性。

價值類的內容就是和自己工作相關的行業動態、洞察，一些有價值的乾貨文章、書籍推薦等。在轉發這些內容的時候要配上一兩句簡短的總結，讓別人理解為什麼要看。

帶貨類的內容最難寫，但好在我對自己課程的賣點很瞭解，只需要花心思寫文案讓別人理解為什麼這個「貨」能夠幫到他。而且同樣的貨，要寫一些不同的文案，不要總是發同樣的內容，這會變成無效資訊。

《得到》CEO脫不花說得好：「這個世界不怕有錢人，不怕有權人，只怕有心人。」經營社交圈需要高情商、同理心和文案能力，但最重要的是要用心。打造個人品牌也是如此，這是一條難走的路，需要用很多心思。好在難走的路通常都不擁擠。

掌控力練習

發一個貼文，讓你的追蹤者回答一下這個問題：如果用一種動物（不限十二生肖）來形容我，那是什麼？爲什麼？（這個問題很重要！）

如果你得到的答案五花八門，看不出主脈絡，或者所有的形容都是關於你的外形的，那意味著你的個人品牌在別人心目中並不鮮明。反之，如果大家雖然說的動物不盡相同，但原因都差不多，那意味著你的個人品牌比較鮮明。

06

用氣場展現實力，強大而不強勢

一個人的氣場，是實力和成功中間那段缺失的鏈條。

——希薇亞・安・休雷特（Sylvia Ann Hewlett）

經常有女性學員跟我說：「老闆說我氣場不夠，鎮不住別人。」的確，氣場強大的人，話還沒說，往那兒一站，你就覺得他說什麼都是對的。這種特質，無論在職場還是在商場，都是一種無形的個人影響力。

氣場＝權威＋親和

氣場是一種能量狀態的體現。它看不見摸不著，卻實實在在能夠被人感知。哈佛商學院的一份研究把氣場這個看起來很虛的概念用兩個維度來形容：權威＋親和。權威，指的是讓別人感到你很有勝任力，有相關領域的知識、技能、名望、自信等；親和，指的是讓人感覺更願意和你親近的那些特質，比如真誠、共情、信任、幽默等。前者屬於雄性氣質，後者則是雌性氣質。而那些所謂氣場強大的人，通常是「雌雄同體」的。換句話說，他們該權威的時候就權威，該親和的時候就親和。當權威不夠，親和過度時，別人就不把你當回事，你也鎮不住人家。

就好像我有位下屬經常跟我抱怨，為什麼同樣的提議，她說我就不重視，而團隊裡另外一個人說我就覺得有道理。仔細想想，其實就是因為另外那個人讓我感覺更有權威。而當權威過度，親和不夠時，就會給人以距離感，別人不願意走進你心裡，你也走不進人家心裡。男性領導經常會遇到這方面的挑戰。

《哈佛商業評論》有一篇頗受爭議的文章，作者（是位男性）指出：職場上的女性擔任高級主管之所以比較少，是因為很多位子都被不能勝任的男性占了。而他們當中相當一部分人僅僅是因為「顯得更有氣場」而讓人誤以為他們更有能力，更能勝任高階職位。

你看，實力雖然很重要，但是讓別人覺得你有實力同樣重要！

這種讓自己顯得更有實力的能力是很多職場人缺乏的。氣場強大的人之所以自帶光環，歸根到底還是因為自信。這種自信的外在投射就是氣場，而氣場又帶來更大的吸引力和更多的跟隨者。

所以有時候也很難講究竟是氣場強大的人有領導力，還是有領導力的人更有氣場。但有一點很確定，在職場中，當你越往上走時，這種領導者所特有的氣場，也就是俗稱的「領袖氣質」，就越重要。別人需要先覺得你有主管的樣子，才覺得你能勝任主管的位子。通常，這個問題會出現在評估總監級別以上的候選人時，這個時候公司和ＨＲ不會單看實力，還會看這個人是否具有「領袖氣質」。因為越往上走，權力的輻射面越寬，你就越不能靠職位、權威這種硬實力來壓別人，而是要靠軟實力來贏得人心，讓別人願意信服你、跟隨你。

單說實力，無論是專業能力還是解決問題的能力，衡量標準相對客觀，有就是有，跟性別沒有太大關係。但一說到這個看不見摸不著的「領袖氣質」，女性就吃虧了。女性要表現得比男性更優秀才能被注意到，所以我們必須專注和以結果為導向，不能被別人詬病「情緒化」、「心太軟」，於是很多人慢慢地把同理、親和這些本來是女性優勢的特質磨掉了。而這又會招致另外一種嫌棄——不夠幽默、不夠有魅力。在形象上，你既要好看養眼，但又不能太扎眼；在穿著上，你既要顯得專業，但又不能太古板；在談吐上，你既要幽默，但又不能顯得太愛耍嘴皮……總之，你既要顯得自信，有權威感，但又要親和，不能太強勢。

就像《哈佛商業評論》的研究指出的，當人們在看一個人的整體素質時，男性主管有幾條優秀、突出的特質就夠了，而女性主管就恨不能所有的鉤都打上，才能被人認為是有魅力的主管。很不幸，這就是職場女性所面對的現實，職場一直在用嚴苛的雙重標準來要求我們。你當然可以選擇抱怨這個遊戲規則不公平，也可以選擇先適應遊戲規則，再通過自身上位來改變遊戲規則。

那麼，怎樣才能迅速提升自己的氣場，做到氣場強大又不強勢？又該從哪幾個維度打造自己的領袖氣質呢？

展現自信的小竅門——掌握形象管理技巧

《Executive Presence》（暫譯：領袖風範）的作者希薇亞·安·休雷特（Sylvia

Ann Hewlett）從小在英國農村長大，即便進入牛津大學，也因為穿著、談吐土裡土氣被人嘲笑而無法獲得很多機會。這促使她後來潛心研究領袖氣質到底是怎麼來的。通過調查上百名高階主管，她的結論是——這其中67%源自行為舉止，28%源自表達，還有5%源自外在形象。

行為舉止更多是指你平時的做事風格，包括你是否表現得自信，尤其是在危機情況下是否能沉得住氣；在決策的時候能否當機立斷，敢做敢當；在權威面前是否敢於說真話、有擔當，能讓人感受到你的領導力。

女性來說，如果能夠克服完美主義、過度控制、內在自卑這些心魔（本書第二章會展開說明），自然就會變得更自信。但這樣的改變需要時間。有沒有什麼方法可以迅速提升氣場，最起碼從表面上顯得更自信呢？有！你只需要在表達和外在形象方面稍稍做出一些改變，就能帶來大大的不同。

先說最表面的那5%——外在形象。因為形象是個篩選程式，如果別人一眼看過去就覺得你不是個有趣、有料的人，就已經失去了想要知道你是不是真的有趣、有料的興趣，這多可惜！

說到職場女性的形象管理，很多人想到的就是怎麼變得更美。但在我看來，形象服務於目的。職場女性的形象管理只有一個目的，不是讓自己更美，而是讓自己顯得更自信、更專業、更有氣場。你要追求的不是回頭率，而是點頭率。假如你本來是想透過好的第一印象讓別人看到你的內在實力，結果關注點都被你的妝容搶鏡了，反而使別人忘了去關注你的內在實力，豈不是本末倒置？

因此在形象管理上需要把握好兩個原則：第一，不是要穿得美，而是要穿得對。所謂「對」，就是要有角色感，懂得自己在不同場合的不同角色，並且由此來把握權威和親和的平衡。如果這個場合是你的主場，你是主角，你就可以稍微高調一點。相反，如果你是去參加別人的會議，人家是主角，你就要稍微低調一點。

很多年前，我剛接手一個美國團隊時，第一次去芝加哥見我的團隊成員，我走進會議室的時候，對方是坐著的，等我們談完站起來，我才發現，天哪，他有一百九那麼高。幸虧我知道那天我的角色要求我建立權威，而且我是主角，所以我特地穿了稍微正式的衣服和高跟鞋。

我建議你每天早上先看一眼日程表，看看當天都有什麼日程再決定穿什麼。比如：如果你需要開一個正式的會，面對很強勢的談判對手，需要展現權威，那就可以通過穿一些有肩有領的正裝或者職業套裙來提升自己的權威度；如果不需要顯得那麼權威而是要展現親和，那就需要穿一些面料更柔和的衣服來中和一下自己的權威度。

第二，**不要穿得跟現在的職位匹配，而是要穿得像下一個職位的樣子。**我大學畢業後的第一份工作是在一家外企做前臺小妹。當時我有一個女老闆，特別高冷，我很怕她。有一天她從我身邊走過，上下打量了我一下，冷冷地甩下一句話：「You should dress for the job you want,not the job you have.」這句話的意思是：你要穿得像你下一個職位的樣子，而不是現在的職位。

我當時聽傻了。但現在想起來，這可能是我在年輕的時候收到的最有價值的建議之一。我那時候還是穿得像個大學生一樣，和前臺小妹的身份相符，卻跟自己想要去的方向不符。後來，我仔細觀察辦公室其他人都穿什麼，盡量穿得比人家檔次低一點，但又比原來自己的T恤加牛仔褲的檔次高一點。我花了很久來探索自己的穿衣風格，最終才找到最適合自己的。在這個過程中，我慢慢意識到，**你的形象並不僅僅是一種外在的表現，而是一種外在的表達。**它是你向這個世界發出的聲音——宣告你是誰，你想成為誰。

如何在表達上彰顯氣場？

在領袖氣質中，表達占28%，這一點也不奇怪，因為越往上走，工作內容中表達的占比就越高。一個高階主管一天之內大概80%的時間都是在跟不同的人開會。表達不僅僅是你說什麼，更是怎麼說。一位法國心理學家認為：「在人際交流中，占第一位的是姿勢（55%），其次就是聲音（38%），而人們最為留意的語言、措辭只占7%。」

一、像獲勝的龍蝦一樣昂首挺胸

想在表達中提升權威感，首先要注意姿態。這可能是最快見效的提升方式了。你現在就可以試試。無論你是站著還是坐著，把自己的雙肩打開向後，頭抬起來，就像是剛打了勝仗一樣，驕傲地目視前方，深呼吸，現在是什麼感覺？是不是感覺自己更自信了？然而很多人在公開場合發言的時候，都是站也站不直，坐又塌著腰，或者雙手交叉放在胸前好像總處於一種防禦狀態，這些看似很小的細節都在向別人傳遞著不自信的信號。而只要你能有所覺察，並且調整姿態，馬上就會讓自己更自信。

《生存的12條法則》（*12 Rules for Life: An Antidote to Chaos*）這本書中提到的人生法則之一就是要像一隻獲勝的龍蝦一樣昂首挺胸。作者在書中解釋了這背後的科學道理。當龍蝦採取了更強勢的姿態時，它的血清素會隨之提升，變得像勝利者一樣，而這又決定了它的姿勢，讓它更像個勝者，而不是像獵物一樣處於防禦狀態，等著被別人獵取。

姿態的改變始於心態的改變，同時姿態的改變也會帶來心態的改變。當你筆挺地站著，肩膀向後，就是向全世界宣告：我是強者，你們要聽我講。這種宣告不僅僅是對別人的，也是對自己的，它會讓你進入一種良性迴圈，越來越自信。

二、改善音量、音調、音質和語速

女性從小被教育要文雅，說話要細聲細語，所以在公開發言的時候音量偏低，聽起來像沒吃飽飯一樣。本來講的是自己專業領域的內容，但給人的感覺就好像很沒有自信。稍稍提高一些音量和聲音的穿透力，就會讓你顯得更有氣場。

一個人的聲音，體現的是自己的內在狀態。比如：說話太快，不僅僅是語言習慣上的問題，內心也一定是急驚風。就好像我之前輔導的一個女性高階主管。當我提醒她說話太快的時候，她說自己意識到了，但上班要工作，回家還要帶孩子，所以要追求效率啊！我回覆她，「**比起效率，效果更重要。**」讓自己慢下來，會讓你顯得更穩健，更從容，無論是做工作彙報還是公開演講，都能更好地把控全場。

讓自己慢下來，也是給自己思考和緩衝的空間，讓自己能平復情緒，調動理性思考，在處理問題時也能更遊刃有餘。人的平均語速是一秒鐘四個字，也就是相當於每分鐘說兩百四十個字左右，這個語速在平時的工作溝通中算是比較合適的。運動轉播員為每分鐘說三百六十個字左右，而如果你觀察一些企業主如賈伯斯、馬雲的演講，他們每分鐘說一百三十個字左右，為什麼這麼慢呢？因為原則上，公開演講的時候，台下的人越多，場合越正式，語速就要越慢。這樣可以更好地彰顯自己的權威感。

女性的音調天生就比較高，但音調太高，聽久了會讓人覺得特別累。而且有些人天生娃娃音，怎麼聽都覺得像幼稚園老師。很難想像這樣的聲音在臺上能震懾住一屋激素滿滿、屁股坐不住的高管。當然，我們的音調、音色多半是天生的，口音也很難改。但如果你想改，就一定能改。柴契爾夫人剛進英國國會的時候，曾經被批評聲調太高了，缺乏權威感。於是她請了專業人士，花了很多時間練習，把聲調變得更低沉，果然效果不一般。有人說：「聲音是靈魂的音樂。」調整自己的聲音，包括音量、音調、音色和語速，就是讓自己靈魂的音樂更動聽。

提升幽默感，別太把自己當回事

在表達中，最能展示領袖氣質但也最難的大概就是幽默感。麥肯錫顧問公司的一份研究報告指出：有幽默感的老闆，能讓人感到更受鼓舞，其員工的敬業程度也更高，他們所帶領的團隊解決創造性問題的可能性是其他人的兩倍以上。

不只是老闆，對普通人來說，幽默感也很重要。沃頓商學院進行了一系列研究，要求參與者評估那些在發表演講或回答面試問題時使用幽默或保持嚴肅態度的人。結果發現，有幽默感的人被認為更自信。因為幽默是有一定風險的，你要承擔冷場和被冒犯的風險。敢於展現自己幽默感的人一定對自己很有信心，別人也會認為他們更聰明，更有能力。

這一點，我在給管理階層講課的時候不斷得以印證。只要我在一開場能用風趣幽默的自我介紹成功破冰，這個場子和場子裡的人就是我的了，之後我講什麼他們都能聽得進去。然而，很多人認為幽默感是與生俱來的，自己根本就不具備幽默的潛質。

一位學員曾經跟我分享她的成長經歷，讓我觸動很大。她說：「幽默感在我家像雨水之於沙漠，極其缺乏，甚至大聲笑都不被允許……長大後，缺乏幽默感讓我談話變得生硬無趣，很容易把天聊死，窘迫又尷尬。我常擔心別人笑話自己而不敢發言，看見主管通常躲著走，看到湊在一起聊天的同事也不知該如何加入。」最後她問我：「不知道我這片貧瘠了四十年的土地，還能不能發出幽默感的芽？」

的確，有的人天生自帶喜感，但這並不意味著幽默感是後天學不會的。很多政客在競選的時候表現得很幽默，其實是因為他們有一個專門負責寫稿的團隊，幫他們斟酌演講稿和增加幽默感，以此來提升自己的親和力，拉近與群眾的關係。

在幽默這件事上，刻意練習比天賦更重要。大部分的幽默並不來自靈感，就像大部分的即興故事並非即興，背後自有一套思維方式和技巧。刻意練習簡單來說包括兩點：

一、從獨特的角度展現你的風格

我們每個人都有幽默感，關鍵是要找到屬於你的幽默風格。正如我的好朋友，《幽默感》的作者李新老師說的：「真正的幽默應該是原創的，能反映出你的個性，是一種飽含智慧和力量的自我表達。」有幽默感的人通常能站在一個獨特的視角去觀察這個世界，這個視角跟正常的視角是有偏差的。但也正是這個偏差的角度造成了新奇感、意外感和幽默感。要做到這一點，你並不一定非要學會寫段子，只需要比別人多一點天馬行空就行。

我以前在外企工作的時候，每逢放假，大家都會設定信箱的自動回覆，內容不外乎：辦公室因為某某節日放假了，有急事請聯繫某某人或撥打電話。有一年端午節放假前，我突發奇想，把我的自動回覆改成了：辦公室因端午節放假了，在端午節，我們亞洲人通常會吃以下哪種食物？A餃子B春捲C粽子 如果你不知道答案，請聯繫我老闆。

我的老闆 Ron 是一個六十多歲、非常有個人魅力的老先生，一點也沒有副總裁的架子。等放假回來，他問我：「怎麼回事？為什麼前兩天每個人都來問我端午節吃什麼？」

你看，別人都是中規中矩地寫一個制式的自動回覆，我偏偏出了個文化知識小測試，還把老闆當 Siri 用，這就讓人覺得挺新奇的。你可能會說：「天哪，你怎麼敢和老闆開這樣的玩笑？」沒錯，**幽默這事，的確分人、分場合，更要分不同的組織文化和地域文化。**尤其是在職場上，兩個人之間要有一定的信任關係，才開得起玩笑。這種對尺度的把握需要經驗和智慧，更需要勇氣。

西方有一個諺語，叫 The Elephant in the Room，直譯是房間裡的大象。意思是屋子裡有一頭大象，但屋裡的人都假裝沒有看見。如果你有勇氣把這個大象說出來，你就說到了大家的心坎上，大家自然就笑了。有一次，我給一家公司的管理層講「如何打造領袖魅力」，我一開場就跟下面坐著的總裁說：「照理呢，應該先請您講兩句的。但之前我和 HR 商量了一下，大家一致認為老闆您太能說了，您要一張嘴，就沒我什麼事了，所以還是最後再請您發言吧！」

大家誰也沒想到我一個外人，上來就揭了老闆的底，這種意外感讓大家都愣了一秒鐘，然後發出了爆笑，成功破冰。

二、自嘲是最容易上手也最安全的幽默

幽默的本質需要有一點攻擊性，但火候把握不好就很容易翻車。所以，對小白來講，最安全的是攻擊自己。我非常認同李新老師對幽默的定義：「**幽默就是從一個有趣的視角來講述痛苦和真相。**」平時說話大家都會說自己喜歡什麼、擅長什麼，很少談及自己的失敗和痛苦。其實幽默就是把生活中的失敗、痛苦和糟糕的故事用另一種方式表達出來，從另一個角度給人啟迪。

講《故事力》課程的時候，我經常讓大家選擇，是想聽我成功的故事，還是高考失利的故事。無一例外，大家都想聽我的失敗故事。想不到，當年令自己痛不欲生的經歷，三十多年之後，竟然成了個段子。所以說，喜劇＝悲劇＋時間。

自嘲說起來容易，但是很多人提及自己的弱點時，會覺得很尷尬。我們從小所受的教育讓我們認為弱點是要拚命掩蓋的東西，是自己不願意直視的東西，怎麼還能以幽默的形式表達出來呢？答案是「以毒攻毒」——你需要一份長長的弱點清單，然後試著拉黑自己，你會發現黑著黑著自己就免疫了。而且，你都說這是自己的弱點了，誰還好意思沒完沒了抓著這一點攻擊你啊！痛點一旦被戳多了，大眾反而對這個痛點失去了新鮮感，就不會再煩你了。這也是現在很多老闆甘願在年終尾牙上被員工惡搞甚至自我突破的原因。

能把自嘲當作幽默的前提，是接納自己的不完美。以前我很在意別人說我長得黑，但自從我接納了這一點，我經常先拿自己長得黑開刀。女人的年齡通常是禁忌，但隨著我越來越老，我倒也虛心接受了，就像蝨子多了身不癢，債多了心不愁，非但沒有年齡焦慮，反而還經常拿自己的年齡尋開心。我的朋友看我的發文總說：「論拉黑自己，還真沒人比得上你。」

黑完自己黑老公，黑完老公黑兒子，連老爸老媽都不放過。「是啊，我黑他們是因為我愛他們。」**幽默是愛他人，更是愛自己**。生活就像一場永不謝幕的即興戲劇，沒有彩排，也不可能一帆風順，而**幽默是面對人生不完美最好的辦法。當我們拿出面對慘澹人生的勇氣，假以時日，悲劇也能變成喜劇**。

在我看來，幽默不僅僅是一種能力，更是一種生活態度。有幽默感的人總能讓你看到生活的明亮面，用喜樂的視角面對生活的惡意。而這不就是自信的終極表現嗎？這種自信反映出來的就是氣場強大，而且越自信就越有氣場。

掌控力練習

一、讓別人就你的氣場用1到10分給你打分，然後你分析一下：自己究竟是權威不夠、親和過度，還是權威過度、親和不夠？你打算如何提升自己的氣場？

二、在社群發一條自己的倒楣事來自我解嘲，看你得到的按讚數是不是比平時多。

PART 2

自洽

看見脆弱，遠離心魔

01

覺得自己不夠好，並不會讓你變得更好

你一直都在責備自己，
但不管用，那不如試著放過自己，
看看會怎麼樣。

——露易絲・海（Louise Hay）

以前在公司，每次被提拔，我都覺得是老闆看走了眼。比如，當年我從中國區被提拔到亞太區做總監的時候，我就想：「放著那麼多新加坡人不選，為什麼選我？說不定老闆早晚會發現我其實根本不能勝任。」

幾年後，當我從亞太區被提拔為全球高級總監的時候，我又想：「放著那麼多美國人不選，為什麼非選我？說不定他早晚會發現這其實是個錯誤。上一次雖說我幹得不錯，但那不過是幸運罷了，我運氣哪有那麼好，這次還會再來一次？」

《哈佛商業評論》的一份調查發現，在為自己的績效打分時，女性給自己打的分要比男性低33％。換句話說，脫口秀演員楊笠那句有名的金句「為什麼有些男人明明那麼普通，卻可以那麼自信？」讓很多人感覺是在惡意抹黑男性，但現實生活中的確有很多女性優秀卻不自信，總覺得自己還不夠好。更可怕的是，從小到大，很多人都認為自己是被「我不夠好」激勵著走到今天的，因此也要繼續用它激勵下一代，甚至不止一次，有女性學員私底下找我諮詢：「老公不上進怎麼辦？而且怎麼說都不聽！」

其實，**「我不夠好」的心態並不能讓你變得更好，更不能讓他人變得更好**，因為沒有自我慈悲的上進是一種偽上進，而對他人沒有慈悲心的敦促，於己於人都是一種傷害。

一邊過度努力，一邊自我否定

奧斯卡最佳女主角獎獲得者娜塔莉·波曼（Natalie Portman）在哈佛演講時曾說：「即便是畢業十二年後的今天，我仍然對自己的價值毫無自信。我必須提醒自己，妳來這裡是有原因的。我今天的感受跟我一九九九年初到哈佛成為新生時的心情一樣。我感覺肯定是哪裡出了錯，感覺我的智商不配來這裡。而我每次開口說話時，都必須證明我不只是個白癡女演員而已。」連奧斯卡最佳女主角都這麼想，難怪我們普通人會經常覺得自己那麼普通。

北京清華大學社科學院積極心理學研究中心趙昱鯤老師認為：從進化心理學的角度分析，女性在兩性關係中付出更多，所以作為被付出的男性會普遍更自信。而傳統教育、社會認知又讓很多女性，甚至非常優秀的女性，都很難內化自己的成就，不能從內心裡接納那些被外界認可的成就。儘管已經有種種外在證據表明了你的能力，你仍然覺得自己配不上這樣的成就，總覺得自己不過是運氣好一點罷了，總有一天運氣會用盡的，自己也會被別人揭穿——我就是一個騙子、冒牌貨！

心理學家稱這種現象叫作「冒名頂替症候群（Impostor syndrome）」。這個詞在一九七八年第一次被心理學家波林·克蘭斯（Pauline Clance）和蘇珊·因墨斯（Suzanne Imes）提出。她們發現，在那些被社會定義為成功人士的人中，有一批人有一些共同特徵，即被外界認同，但貶低自我、低估自己的成就，將成就歸功於外界因素。

患有冒名頂替症候群的人通常有以下幾個表現：

特別勤奮。為了避免被其他人「識破」自己是個「騙子」，他們會比別人付出更多的努力。這樣的努力奠定了他們成功的基礎，但同時又給了他們巨大的壓力。為了不出錯，他們還會做過分充足的準備工作，並反覆檢查，糾結於細節（這有時可能導致拖延）。

不敢挑戰權威，也不敢表達自己的真實想法。因為他們覺得自己的真實智商和能力有限，提出的問題可能會十分愚蠢，暴露了自己真實的面貌。所以在學校，他們總是成績又好又聽話的好學生，在公司也一定是努力工作、聽話的好員工。

特別害怕失敗，不敢走出舒適區進行新的嘗試。他們總是認為：我能夠走到今天，有現在的成就，已經很不錯了，幸運女神能照顧我一時，但不能照顧我一世。生活一旦發生變化，進入新的領域，他們就會覺得無比緊張，陷入一種既過度努力又自我否定的惡性循環。

當然，另有研究表明，很多有上述表現的人其實並不是真的不自信，這只是一種自我保護的策略。就像我們上學時總是會遇到的一類同學，每次考完試都說自己考得不好，可每次成績出來的時候都名列前茅。這樣的人也許從小父母就對他們要求嚴格，為了不讓父母失望，他們就用降低別人的預期或者自嘲的方式來保護自己。

事實上，我們早期的自我認知多半來自父母、老師和身邊的人，以及他們對我們的評價。美國作家佩吉．奧瑪拉（Peggy O'Mara）曾經說過：「**我們對孩子說話的方式，就成為他們內心的聲音。**」

的確，沒有一個孩子生下來就覺得自己「不夠好」，就好像我小時候並沒有覺得自己長得醜，是身邊的人像是老師、父母、親戚不斷說我「又黑又醜」，我才覺得自己醜。在成長過程中，這些別人給我們的負面評價和由此帶來的負面情緒，如果沒有被合理消化，就會在你心裡形成一盤羞恥磁帶，而且總會在你最脆弱的時候，不請自來地自動播放。你看到一個好的主管職位，剛想申請，就有一個聲音說：「哎喲，就你那點情商，怎麼可能鎮得住這些人呢？」你看到一個好的男生，剛想請他一起出去玩，又有一個聲音說：「也不瞧瞧你這歲數，你這身材，人家怎麼會理你呢？」

長大以後我還特意問我媽：「我小時候，妳是真的覺得我很醜嗎？」她說：「我沒覺得妳好看，但也並沒覺得妳醜，我就是想讓妳多讀書，而不是把心思都放在外表上。」（這不就是「人醜就要多讀書」的意思嘛！）

你看，這就是很多人一直秉持的信念：要是自我感覺良好，那就不會進步了！正是因為覺得自己還不夠好，所以才一直鞭策自己要不斷努力。但真的是這樣嗎？為什麼覺得自己不夠好，並不會讓你變得更好，也不能讓他人變得更好？

羞恥和羞愧的區別

回答這個問題，你需要理解「羞恥」和「羞愧」的區別。我以前有一個員工，每次給她回饋的時候，都得小心翼翼的。如果你說她有十樣好的地方，有一樣需要提高，她就會記住那一樣。然後就會覺得自己是不是特別差，於是在工作中畏首畏尾。

可想而知，這樣的員工我願意跟她溝通嗎？我敢重用她嗎？不願意，不敢，因為我哄她都來不及，那她還能有成長嗎？她的問題是把「事」和「人」、把「我做得不夠好」和「我不夠好」，混在了一起。前者是羞愧，後者是羞恥。

羞愧＝我做了一件很糟糕的事；羞恥＝我很糟糕。**羞愧有可能產生積極的作用，而羞恥的影響一定是消極的。**

《脆弱的力量》（*Daring Greatly*）的作者布芮尼．布朗（Brené Brown）教授花了十幾年研究羞恥這個領域。有一次她坐飛機，旁邊的老太太問她：「妳是做什麼的？」她說自己是大學教授，對方就跟她熱情地攀談起來，後來對方又問了一句：「那妳是研究什麼領域的？」她說：「我研究『羞恥』。」從此之後，那個老太太整個飛行途中再沒跟她說過一句話。

沒有人想要談論羞恥，但每個人都會感到羞恥。給我們帶來羞恥感的東西有很多，男女通用的包括金錢、工作、疾病、創傷，而在女性身上最普遍的是外形、外貌、年齡和身份——你是單身還是已婚？你有孩子嗎？你是全職媽媽還是職場媽媽？

我兒子的學校有很多全職媽媽，以前每次我去學校的時候，看到那些全職媽媽投入了很多時間陪伴孩子，還通過擔任家長委員會職務為學校做貢獻，我都會有種淡淡的羞恥感，覺得我不是好媽媽，我在用事業上的成就感來掩蓋自己在孩子身上沒耐心的問題。

但有一次我跟一位全職媽媽聊天，她說：「我媽經常說我念了這麼多年書，還出國留學，最後就當個全職媽媽，真浪費！」她說的時候，也帶著一種羞恥感，那種自己的價值沒有被最親近的人認可的羞恥感。那一刻，我感覺既可笑又可悲。我們都在盡自己的努力做到最好，卻又都在為自己感到羞恥。

別人給我們貼的標籤也是羞恥感的重要來源。比如，有的媽媽看孩子不愛叫人，就忙著解釋說：「我們家孩子就是內向，不愛說話。」本來內向沒什麼不好，可這麼一貼標籤，孩子內心的感受就是羞恥。下次見到生人，他更不會主動說話了。時間長了，內向這個性格特徵，明明可以是一個優勢，卻被孩子認為是給自己帶來羞恥感的特質。

我們都有羞恥感，但又都不想承認。可如果我們不坦然接受自己的羞恥和由此帶來的掙扎，就會認為自己哪兒都有問題，認為自己很糟糕、有缺陷、不夠好。久而久之，無論自己做得多好，還是會覺得不夠好。事實上，羞恥就是指一種覺得自己不夠好，因而不值得被愛和沒有歸屬感的強烈痛苦感受或體驗。

只有感覺好，才能做得好

我小時候有很多讓我印象深刻的羞恥記憶，其中印象最深刻的一次是：我上高中的時候，物理很糟糕，偏偏物理老師的兒子是我同桌。有一次物理考試，老師當著全班同學的面說我抄我同桌，也就是她兒子的考卷。不但被冤枉了，還被當眾羞辱，我氣得哭著跑出了教室。後來我發誓下次考試一定要考好！結果下一次果然考了九十分。但我的物理成績從此就突飛猛進了嗎？並沒有。

「我不夠好」以及由此帶來的焦慮、恐懼、羞恥，不會讓任何一個人感覺好。它也許會在短期迫使你表現得更好，但從長遠來講，並不會讓你變得更好。因為**羞恥和恐懼也許能讓你進步一時，但不能讓你進步一世。**

這其中的道理很簡單：**你不可能用負向的驅動力幫你到達正向的方向，你更不可能靠羞恥來激勵他人**，達到期許他們成長的目的，無論是另一半還是孩子。有一次，有個女學員線下見面會後等了我很久，就是為了問我怎麼才能讓她老公更上進。她說：「我和我老公，就像坐了兩部不同方向的電梯，我一直向上，而他一直向下，感覺我們就要這樣錯開了……但無論我怎麼說他，讓他別再一天到晚打遊戲了，多讀點書、賺點錢，他就是不聽。」

其實他不是不聽，而是他羞恥到不知道怎麼回應。當妳嫌老公不上進的時候，話裡話外地說誰家又買了新車、誰家孩子暑假要出國參加夏令營。妳老公好像對妳說的話沒有任何反應，只是默默地回到自己的房間關上門。他也可能煩躁地跟妳說少囉唆幾句，甚至惱羞成怒地跟妳吵起來。

總之，在妳看來他就是沒聽進去，但其實他聽進去了，而且他也一直暗暗地為自己努力不夠、賺錢不多感到羞恥。只是他絕不會跟妳說：「親愛的，妳這麼說讓我感到很羞恥。」你想，連你都未必能說出這話，一個男人怎麼說出口啊？

無論是老公還是孩子，當他感到羞恥的時候是很難改變的。因為改變需要能量，而他僅有的那點能量全用在辯解、反抗和自我保護上了，他哪兒還有能量去改變自己啊？羞恥，作為一種負面情緒，它的痛苦程度和恐懼並駕齊驅。而我們對痛苦的第一反應就是自我保護，就像手被火燙了，自然就會馬上縮回來。當一個人感到羞恥的時候，也會出於自我保護而逃避。比如，為了不失敗而不去嘗試新的領域，就待在舒適區裡。反正只要我不去嘗試，就不會失敗，也就不會感到羞恥！

為了保護自己而去責怪他人也是很常見的，反正不是我的問題，那一定就是你的問題。就好像我的那位下屬，最終她認為這個公司的環境並不適合她，因此選擇離開，但輾轉了幾個公司之後，她才發現問題在她自己而不在別人。

一個人只有感覺好，才能做得好。而要想感覺好，就必須遠離「我不夠好」的羞恥感。

如何遠離「我不夠好」的羞恥感？

我們都會因為各種原因感到羞恥。不一定是什麼具有創傷性的大事，可能就一點小事，比如同事、老闆、朋友說句不合適了或做得不好，都有可能觸發我們的羞恥感。羞恥，就像是一個時常來拜訪的客人，我們無法把客人擋在門外，而是需要學會和這個討厭的客人共處。

客人來你家的時候，你總不會不跟人家說話，把人家晾在那兒吧？但你也不會跟人家說個沒完沒了還留人家過夜。當羞恥這個客人強行拜訪你家，還跟你說了一堆讓人煩的話時，你需要有能力跟它說：「好，我聽夠了，你可以走了。我還有我的事情要忙，你也去忙你的事吧！」

這樣的能力和定力如何培養呢？跟你分享四個方法：

一、提高覺察，找到原因

我有一個做培訓的朋友，她特別勤奮，每天早上五點半起來寫作。她不僅特別自律，還特別專注，不像我想到哪做到哪。看到她每天堅持發影音，我就會心生嫉妒……

在嫉妒之心冉冉升起的一剎那，我有種不舒服的感覺。仔細琢磨一下那個感覺，我很清楚我的嫉妒來源於羞恥感。我感到羞恥，覺得自己不如別人。於是我對自己說：「哦！是覺得自己不如別人啊？嗯，知道了。」

想要遠離羞恥，首先要學會識別自己的羞恥。這聽起來簡單，其實是一項需要練習的能力。你需要學會培養對情緒的敏感度，能夠區分不同的情緒。美國心理健康研究所的研究發現，羞恥感帶來的痛苦和肉體上的痛苦，在強度上是完全具有可比性的。所以，當我們感到羞恥時，身體層面是有感知的。比如，我感到羞恥的時候，就有整個胃都蜷縮起來且喘不上氣的感覺，就像一個人縮起來，縮得越小越好，恨不能消失了才好。

每個人的感受都不一樣，有人會感到肩膀緊了起來，也有人是頭暈。你可以看看你的感受是什麼，記住那個感受，下次就可以捕捉到它，然後問問自己：「這種感受究竟是由什麼引起的呢？」找到原因之後，就可以進入下一步了。

二、換框思考，從不同角度審視問題

我覺得自己「沒有別人勤奮」，但這是真的嗎？不是的，雖然我不能每天五點起床寫作，不能堅持每天發影音，在這方面看起來比較懶，但我在別的地方一點都不懶啊！

這樣想並不是在為自己找藉口，而是一種理性的思考。當你被非理性的情緒控制的時候，是無法想出理性的答案的。就好像你不可能跟一個撒潑耍賴的人講道理。而**一旦你能進入理性思考的狀態，就有可能從不同的角度來審視當下的問題**，好像給問題換了一個框。事實上，當我這樣做時，我很快就意識到，也許我不是不夠努力，而是一直在用戰術上的勤奮掩蓋戰略上的懶惰。

換框思考有很多方法，比如：第一，**把能力問題換成意願問題**。有一次，我邀請一個教練朋友來參加直播，她的第一反應是：「哎呀，我行嗎？」她識別出自己的羞恥感，恢復理性思考之後，問了自己一個問題：「妳願意嗎？」心中的答案是：「當然願意！和『有意思教練』做直播這麼有意思的事有什麼不願意的？」

當你開始質疑自己的能力時，請把「我行嗎？」換成「我願意嗎？」改變問題，就可以快速轉移注意力。如果你確定自己有意願，接下來問題就變成怎麼做了，你會馬上進入行動模式，而不會老想著我到底行不行。

第二，**把質疑自己換成幫助別人。**問問自己：「在我現在懷疑的這件事上，我能為他人提供什麼價值？」這個問題可以把注意力從「別人怎麼看我？」「我夠不夠好？」這種自我懷疑的狀態中拉出來，從以自我為中心，轉換成以他人為中心，也就是「我能為別人做什麼？」「別人可以從我這兒獲得什麼？」

和所有人一樣，我每當上臺演講之前，也會很緊張，尤其是現在我經常會在幾百上千人的企業年會、高峰論壇上作為嘉賓發言，不緊張是假的。但我不會試圖告訴自己不要緊張，因為那非但沒用，反而讓我更緊張。我會把「我行嗎？」這個問題轉化成「我能為觀眾提供什麼價值？」一旦這麼想，我就立刻擺脫了心魔的劫持，進入了理性思考模式。

第三，**把當下換成過去或者未來。**如果把時間比喻成一條線，過去、當下、未來，這些既是不同的時間點，也是不同的框。當你卡在「當下」這個時間框裡，就像「不識廬山真面目，只緣身在此山中」一樣，會陷在自己的問題裡，忘記自己本來擁有的資源和優勢，覺得自己沒有能力應對眼前的問題。

還是回到演講的例子，當我把自己換到「過去」的時間框，我想到了自己曾經在臺上掌握全場的樣子；而當我把自己換到「未來」的時間框，想像著自己站在臺上，萬眾矚目、光芒萬丈，下面的人都用期待的眼神看著我，在這種更積極的情緒體驗中，我就能找到力量。

無論是換框到過去還是未來，其實就是把自己從當下的困境中抽離出來，從不同的時間點去看同一件事情。比如，當你想要接受一個新的職位，但又擔心自己不能勝任的時候，你就可以問問自己：你曾經遇到過的最難的工作內容是什麼？當時你是怎麼完成的？老闆和同事們評價你最大的優勢是什麼？你又是如何在那個工作中發揮優勢的？當你被積極體驗影響時，會增加自信，提升能量，更好地解決當下的難題，而不是卡在左右為難的狀態中。其實，你在每件事情上都至少有三個以上的選擇，讓你左右為難的，往往不是能力，而是你的心魔。

三、不自信的時候，那就相信別人吧！

這一點是我的獨門秘訣。之前每次我被提拔之後都覺得特別沒有安全感。於是我告訴自己：「算了，妳不相信自己能勝任這個職位，那總得相信妳老闆吧？他閱人無數，會把一個沒能力的人放到一個重要的位子上，然後讓別人看他的決策是多麼失敗嗎？肯定不會啊！」每次這麼一想，心裡就踏實多了。當你不能理性看待自己的時候，就相信那些能這樣做的人吧！

最後，告訴你一個對我非常管用的「咒語」。感到我不夠好的時候，我會對自己說：**「我可能沒有自己期望的那麼好，但也一定沒有自己想像的那麼糟。我就是我，不好也不壞。」**

四、分享感受，把羞恥說出來

把羞恥感說出來是最厲害的一個招數，但也是最難的一步。通常當我們感到羞恥的時候，只想縮起來，不想跟任何人說話。如果你敞開心扉，把自己的感受說給別人，這種交流不僅有助於建立客觀的自我評價，也會讓你意識到，其他人也並不是你想像的那麼完美。

有一次，我跟一個朋友說起我有不自信的時候，朋友說：「我也是啊！」我非常驚訝地回他：「怎麼可能？你？清華高材生、麥肯錫出來的精英，我還以為你很有自信呢！」你看吧！再優秀的人也有不自信的時候。

不過找人傾訴要找對人，並不是所有人都像我們做教練的一樣，懂得深度聆聽，很多人非但不會耐心傾聽，還會說：「就這麼點小事啊！至於嗎？」這種滿滿的評判不但產生不了安慰作用，反而會造成二次傷害。找不到可以訴說的人怎麼辦？那就成為自己的朋友，而且還得是一個帶著「慈悲心」的朋友。

創業是孤獨的旅程，很多苦沒處訴說。而且作為女性，我總是有種天生的責任感和保護欲，想給團隊提供最好的機會但又做不到，就會覺得自己不夠好。每當這時候，我會在內心先抱抱自己，然後跟自己說：「其實妳也挺不容易的。哪個創業者容易呢？妳已經很努力了，加油，小姑娘！」

下一次，當你再被「我不夠好」的心魔要脅的時候，想像一下對面是八歲的你，請你蹲下來，抱著他，用最溫柔的語氣對他說：「小朋友，沒關係！慢慢來吧！」

掌控力練習

一、回想一次讓你印象深刻的羞恥經歷，詳細描述當時你的羞恥心魔對你說了什麼。現在，你打算如何反駁它？

二、你一直覺得自己哪裡不夠好。給自己寫一封信，用這句話作爲開頭：親愛的，我知道你一直覺得自己不夠好。但這不是你的錯，你已經很不容易了，因爲

02

完美的員工不一定是優秀的主管

完美主義是一種極致的恐怖——
那些在生活中表現得苛求完美的人，
他們深深地害怕世人會看到他們眞正的樣子，
因爲他們無法達到完美。

——歐普拉．溫芙蕾（Oprah Winfrey）

在做高管教練的時候，我發現一個普遍現象：有些人工作十分努力，業績相當不錯，也很受老闆看重，但就是走不上去，卡在半截，自己很痛苦，組織上也很無奈。我的一個客戶就是這樣，她業績很突出，競聘總經理這個崗位的時候，認為自己勢在必得，結果事與願違。她很不解，總覺得同事之所以對她產生敵意是因為嫉妒。但在對她的同事進行訪談時我發現，大家對她的評價高度一致——聰明、工作能力突出，但太追求完美，對風險的承受能力低；太過焦慮，總擔心各種細節出問題，把自己的團隊逼得太緊。

這樣的人對上司來講是個寶，因為她能從最大程度上把控品質，讓人放心。但另一方面，因為不能抓大放小，勁使的地方不對，還得罪人，上升空間並不大。換句話說，這是一個完美的員工，卻不是一個好的主管。

有意思的是，人們經常把完美主義和追求卓越等同。你看那些成功人士，比如賈伯斯，不都是完美主義者嗎？這也是為什麼完美主義逐漸變成一個極具吸引力的標籤。就像面試時被問及「你認為自己的缺點是什麼」時，總會有人回答「我是個完美主義者」。這句話的潛臺詞其實是：「你看我有多優秀！我太優秀了，以至於開始追求完美。」

而我每次一提到自己也曾深受完美主義之苦，就會有學員說：「高老師，妳不正是因為追求完美，所以才有了今天的成功嗎？」其實，**努力工作和目標遠大並不是完美主義的標誌，你心裡那個挑三揀四的聲音才是。**

完美主義的三種類型

多年前我在英國讀博士的時候，我心想作為一個學霸，美國的MBA都讀了，這有何難？結果一開始讀卻發現博士不是只會考試就行的，還要寫十幾萬字的論文。當然也不是一下子寫那麼多，而是一點點寫完交給教授看，再根據回饋回去改。但我總覺得自己寫得不好，拿不出手，一到交作業的時候就各種找藉口。現在回想起來，「拿不出手」這件事本身就體現了我的關注點是在自己身上而非論文本身。

由此也能看出完美主義和追求卓越的區別：前者關注的是別人怎麼看我這個人，而後者的關注點在於事——我怎麼做才能把事情做得更好？

心理學家保羅．休伊特（Paul L. Hewitt）把完美主義區分為三種類型，每種的表現和危害不盡相同，但都是圍繞著怎麼看待自己這個人。

第一種屬於**「自己逼自己」**型，追求的是「我要盡可能做到完美」，這樣的心魔會經常對你說：

- 我必須時刻發揮我的全部潛力。
- 什麼事，要麼不做，要麼就要做到最好。
- 你可是一個對自己要求很高的人啊！這東西做出來要能代表你的水準！

很多找我提升公開演講能力的管理者都有這樣的問題：一方面覺得自己講得不好，總擔心表現得不夠自如、不夠流暢、不夠幽默；另一方面又希望維護自己好的社會形象。所以每次想到要做公開演講就緊張，怎麼辦呢？找別人給自己寫稿？但別人寫的又不是自己的味道，講起來彆扭，效果自然就不好，於是成了惡性循環。

第二種屬於「別人逼自己」型，總覺得其他人對自己要求太高了，常常會在心裡編一些劇本：

- 我怎麼也滿足不了別人對我的期望。
- 周圍的人都希望我能在每一件事上取得成功。
- 我覺得人們對我的要求太高了，總期待我是完美的。

他們自我價值感低，同時又總想滿足他人的期待，所以關心的不是事情本身做沒做好，而是別人對自己的評價，表現出的就是焦慮，甚至抑鬱。這是最危險的一種完美主義。

第三種屬於「自己逼他人」型，不但對自己要求高，對別人更是加倍的高標準、嚴要求。

我曾經在北京、上海等城市做過幾次為中國鄉村女學生教育協會（Educating Girls of Rural China，簡稱EGRC）籌款的青少年雙語演講訓練營。學員們要在第三天彙報演出中，在同學、老師和父母面前脫稿演講。我發現那些擔心自己發揮不好，不想上場的，都不是能力比較弱的學生，反而是英語水準比較高的學霸。而這些學霸的父母通常也是學霸，對孩子要求嚴格。孩子在台上講完以後，父母不是鼓勵，而是忍不住去挑這樣那樣的毛病。甚至孩子在上面講，父母還在下面指手畫腳。這反而容易讓孩子緊張，更會導致孩子在未來不敢冒險，因為每一次意想不到的挫折，都意味著下一次要表現得更完美。

相信別人，放過自己

Meta（原名Facebook）前首席運營官雪柔・桑德伯格（Sheryl Sandberg）在她的書《挺身而進》（*Lean In: Women, Work and the Will to Lead*）中提到一段話：「對於一個女人來說，最粗魯的問題是什麼？是『妳今年幾歲』，還是『妳體重多少』？都不是。最爛的問題是：『妳是怎麼兼顧所有事情的？』」因為同樣的問題，很少有男性被問到。這個社會就是這樣，**男性只需要證明自己事業成功，女性則需要證明自己面面俱到**。

一方面，傳統的教育教女孩從小要完美和謹小慎微，而男孩要勇敢和接受挑戰。另一方面，男性的小錯誤會被忘記或被原諒，而女性的錯誤則會被放大。娛樂圈男明星出軌道個歉就行，女明星就永世不得翻身了。這種雙標讓女性更希望表現得完美。心理學家安德魯・希爾（Andrew P. Hill）認為：**完美主義不是行為模式，而是你看待自己的方式**。

完美主義的本質是覺得自己不夠好，其背後的根本原因是批判心太重。這會讓我們活得很累，因為批判是一支兩頭都鋒利的箭，一邊指向別人，一邊指向自己。指向別人的時候，表現出來的就是總不放心別人做的東西，總覺得別人做的都是垃圾；而指向自己的時候，就是自我批判。這種自我批判通常出現在你最沒有安全感的領域。比如對很多女性，尤其是新手媽媽來講，養育孩子就是最沒有安全感的領域——因為沒經驗，而且太在乎。

我休完產假回去上班後，很快就開始到處出差。為了繼續母乳餵養，我走到哪兒都要背著吸奶器，就算是吸完倒掉也要確保自己作為奶牛的產量。回到家本想好好跟兒子親熱親熱，卻發現他跟保母比跟我還親。我失落、內疚、自責，甚至把火氣撒在保母身上，感覺是她「偷」走了兒子對我的愛。

《親密關係》(*Relationship: Bridge to the Soul*) 一書中講到：「我們所看到的每件事其實都是我們內心的投射。**我們怎麼評論別人，就是我們怎麼看待自己。**在這個世界上，對我們最嚴苛甚至殘酷、最不肯放過我們的人，不是別人，正是自己。」

完美主義的心魔讓我認為：

- 如果我沒有做到完美，我就不是一個好媽媽。
- 如果我沒有給到百分百的陪伴，孩子將來有問題可能是我造成的。

然而，美國早期兒童護理研究網用了十五年的時間，對一千多名兒童進行了追蹤研究，結果表明，「由母親專職照料的孩子與那些由母親和其他人同時照料的孩子，在個體發展上並無不同」。**婚姻的親密度和父母的行為因素，如父母是否積極樂觀等，才是影響孩子成長的關鍵因素。**母親們沒有理由認為，在孩子年幼的時候選擇工作就會對孩子不利。我們需要放下這種不必有的負罪感，它對自己是一種壓力，對孩子也是一種隱性的壓力。像是，當我覺得自己不是一個好媽媽的時候，就會看兒子哪兒都不順眼，然後把我對自己的批判和由此帶來的傷害甩給他，對他挑三揀四，嘮嘮叨叨。

在心理學中，完美主義可以算是一種防禦機制，其本質還是「覺得自己不夠好」。當我們覺得自己不夠好的時候，最自然的反應肯定是「千萬別讓別人知道我不夠好」，因此便用完美主義這個武器來嚴防死守，想透過更加卓越的結果來證明自己、保護自己。

不只是家庭，在職場中你可能也曾被完美主義俘虜過：

- 把對自己的要求高轉化成對結果的期待也高，過程中的壓力就會越來越大，一旦沒有實現期待，就會越來越覺得自己沒有價值，下次就加倍使勁，形成惡性循環。
- 為了達成一個理想中完美的結果，遲遲不能開始，慢慢把自己變成重度拖延症患者。

- 過度謹慎，特別在意別人對自己和自己團隊的評價，晚上躺在床上還琢磨白天開會的時候哪句話說得好，哪句話說漏了。

其實，這些你糾結了一萬遍的東西，對結果也許只有一絲絲的影響。為了達成完美，我們往往會不斷自我批評，來給自己施壓。這就不難解釋為什麼完美主義男女都有，但在職場女性中表現較為明顯，危害也更大——要麼導致自信心缺乏，要麼給別人造成過度強勢的印象。

如何掙脫完美主義的束縛？

完美主義是一種打擊自我的生活方式。然而，對很多人來說，這已經成為根深蒂固的習慣。我們很難完全告別完美主義，但可以減少它帶來的危害。

一、對事不對人

有一次，社群專頁「奴隸社會」的聯合創始人申華章老師來找我錄課程，我說：「好啊，但是這周不行，我得準備。」他驚訝地說：「妳還需要準備？妳不是張嘴就來嗎？」

很多人都覺得我天生就是一隻孔雀，給個舞臺就開屏，卻很少有人知道我上臺其實也緊張，只不過我已經把自己訓練成緊張的時候關注點不放在自己是否完美，而放在是否能把一個完美的演講呈現給聽眾上。

這樣做的好處是，我會在每一次演講之前苦練，甚至每次做直播之前我都會擬大綱、寫金句，確保自己不會浪費聽眾的時間。在講的時候，如果沒有達到預期效果，我會自責，但我不會讓自己陷在自責的情緒中不斷內耗，而是很快會把關注點放在如何才能在下一次做得更好上。

當你把追求完美的那股勁頭用在事上，而不是用在人身上，那你就不再是在追求完美，而是在追求卓越了。

二、先邁出第一步再說

多年前當我被完美主義困擾，遲遲交不了論文的時候，我的英國教授是這麼跟我說的：「**先完成，再完美。**」

這句話點醒了我，我把它貼在電腦上，時刻提醒自己。後來，我也把這段經歷分享在一次TEDx演講中，叫作《為什麼成功人士多是拖延症患者？》在騰訊視頻上有幾十萬的播放量，可見深受拖延症之害的人很多。

說到拖延，寫文章的人都知道，經常有個好的想法，可寫著寫著又好像不是那麼回事了，只好扔下重寫。看到同行熱烈地產出，再看看自己，每發出來的一篇文章背後都躺著三具屍體，覺得自己實在太笨了。後來我和自媒體人接觸多了，聊起來才知道，無論是誰，即便是那些教母級的人物，要寫出一篇好文章，都是抓耳撓腮、搜腸刮肚的。可見太陽底下沒有新鮮事，你的感受絕對不是只有你有，一定還有其他人和你有共同的感受。

要擊敗完美主義，面對具體某件事，你需要設定合理的目標，找到突破點，先邁出第一步再說。比如，你可能總想著要把所有細節都想明白了再動手，期待一步到位。但其實，**與其沉迷於思維的醞釀，不如切實地做；與其耽擱於細節，不如在試錯中完善**。先完成80%，剩下的20%可以後面再去反覆運算，不用苛求一次就能達成100%。而且很多時候，持續優化帶來的邊際效應是遞減的，如果你已經花了兩個小時做PPT，不代表你再花兩小時，就能讓它比現在好一倍。

為自己設定一個時間期限，到時間無論怎樣都必須交付成果，這可以幫助你克服完美主義帶來的拖延症。就好像我寫粉專，如果沒有時間期限，那我可能會一直磨蹭，改來改去。此外，將一個看似龐大不可及的目標拆解成小目標，也可以幫你跨越想要一步登天的執念和隨之而來的焦慮。比如，當我把寫書這樣一個大目標轉化成寫出數篇文章，再轉化為寫出數個小章節，就容易多了。

我們總是想要找到實現大目標的勇氣，卻總是忽略實現小目標帶來的士氣。起始目標設得越低，也就越容易邁出那一步，而只要你邁出第一步，就一定有第二步和第三步。

掌控力練習

當你發現自己被完美主義卡住的時候，不妨問問自己以下幾個問題：

- 完成這個目標對我個人來說有什麼重要的意義？
- 如果這個目標實現了，我會是什麼樣子？
- 誰可以幫我？我可以從哪裡找到資源？
- 當下我能做到的一個小小的嘗試是什麼？

03

適度敏感是高情商，過度敏感是玻璃心

這個世界並不在乎你的自尊，只在乎你做出來的成績，然後再去強調你的感受。

——比爾・蓋茲（Bill Gates）

我以前有一個同事，她挺能幹的，但公司裡的人都很怕和她相處，因為和她在一起就一個字——累！總擔心不知道自己說了什麼就讓她不高興了。她對別人的話十分上心，經常會被別人的評價所影響，有時候甚至別人說的根本不是她，她也會不自覺地對號入座，就連訊息回覆得慢了點，她也會覺得自己被忽略了。

其實，她的親和力很強，對別人情緒的變化也很敏感，會習慣性地注意別人的語氣、

表達方式、微表情、小動作，在心裡分析對方為什麼會那麼說、那麼做和在想什麼，因此初次打交道的時候，會給人非常體貼的感覺。

通常我們說一個人情商高，就是說他對環境、對自己、對他人都有所覺察，這種對人和環境的敏感度是情商中非常重要的部分。我們也可以把它理解為一種情感上的「耳聰目明」。但當一個人對環境和他人過度敏感，就變成了「玻璃心」：一方面，自己活得很累；另一方面，周圍的人也很累，生怕一個碰撞你就碎了。

當被玻璃心這個心魔俘虜的時候，表現出來的就是：

- 內心缺乏安全感，想太多，內心戲太過豐富。
- 自尊心過強，太把自己當回事。
- 別人會覺得你有點太敏感了，說不得。
- 任何一點不好的回饋，都會被視為對自己全盤的否定。

與此同時，過度敏感的人非常容易被人利用，甚至有可能被PUA[1]，因為PUA

1 PUA：全稱 Pick-up Artist，多指一方通過精神打壓等方式對另一方進行情感控制。

就是指通過操控一個人的情緒來實現操控者的目的。

玻璃心是性格使然嗎？

我們常常容易混淆自尊心強和高自尊這兩個概念，以為玻璃心是高自尊的表現，而事實上，這恰恰是低自尊的表現，也就是我們常說的自卑。越自卑的人，自尊心越強，且能力和自尊需求成反比，能力越低，越執著於別人的認可。**當我們在某方面自卑的時候就會過於關注別人的評價，從而忘記了自身給他人帶來的價值感。**

自卑讓我們希望不斷通過他人的認可來獲取優越感，從而填補自己內心的匱乏。如果沒有，就會覺得環境太苛刻、老闆太無情、同事太刻薄，認為只要換一個工作環境，就能改變這一點。但一個不會游泳的人，不管換到哪個游泳池都沒用。所以，改變玻璃心還是得從根本上——自尊談起。

自尊，就是我們是否喜歡我們眼中的自己。自尊，並不是越高越好，過高地看待自己就又成了自大。恰如其分的自尊才是最好的，因為這意味著你對自己有正確的自我認知，且這個自我認知相對穩定，不輕易被外部的評價所影響。因為你清楚自己是什麼樣的人，能接受和承認自身的不足。

人類的自尊水準往往依賴三大支柱：自愛、自信和自我觀。這三者的適當組合，才能讓人擁有恰如其分的自尊。首先是排在首位的自愛，這並不是愛自己就給自己買個包包的意思，而是相信——**雖然我不夠完美，但我仍然值得被愛和尊重**；雖然我經歷了挫折和失敗，但我仍能站起來，繼續向前。再來是自信，這是我們最經常提到的，因為自信是外顯的，能夠透過你的語言、行為看出來。**自信不是你行不行，而是你覺得自己行不行**。這個自信可能一開始僅僅是專業上的自信，但慢慢地會變成人格自信，也就是自尊的第三大支柱自我觀——**我怎麼看待自己**。

說到自尊的這三大支柱，就不得不聊一聊很多人最不願意提及的童年。有很多研究表明，一個人在零到六歲期間，他的家庭環境品質越高，成年之後他的自尊水準就越高。父母在養育他的過程中，能夠提供一個溫暖、安全、有條理的生活環境和親子互動，會在早期影響一個人的自我認知，以及自我價值感。

有意思的是，同一個家庭，不同的孩子被不同對待，也會有不同的結果。比如我和我姐，我從小又黑又醜又不聽話，她又白又漂亮又聽話，因此深得父母、老師的寵愛。我小時候一直很羨慕奶奶每天早上不厭其煩地給姐姐綁各種樣式的辮子，而我永遠是一頭短髮。有一天我問奶奶：「為什麼我不能留長頭髮？」她一臉嫌棄地看著我說：「妳這樣就挺好。」我雖然小，但不傻，我明白，其實她就是懶得給我梳頭，覺得我醜，我不配。

這種「我不配」、「我不值得」的感覺跟了我很久，一直到成人，它讓我陷入一種「不穩定的低自尊」狀態——時而自信，時而自卑，給點陽光就綻放。

在我的第一本書《職得》裡，我講了很多自己小時候經常被父母、老師拿來和姐姐比較而無意中被傷害的經歷。如果用一種顏色來描述我的童年，那就是灰色。很多讀者都說：「完全看不出來妳是在這樣一個背景下成長起來的，照理說妳的性格應該是很自卑的，為什麼現在看起來自信爆棚？」

因為性格不過就是一個人對現實的態度以及與之相對應採取的行為模式。從這個角度來講，我們的很多表現都和性格有關，但這並不意味著不能改變。玻璃心也可以隨著年齡、閱歷的增長，或者通過一定的方法、技巧而改善。這個變化的核心就是從敏感到鈍感。

日本作家渡邊淳一在《鈍感力》中認為，鈍感力是贏得美好生活的手段和智慧。**所謂鈍感，不是遲鈍，更不是冷漠，而是對周遭事物不過度敏感。**用白話一點的話講，就是「經得起摩擦」。只有鈍感和敏感相平衡，我們才能更容易保持理性的思維。但就像智慧一樣，這需要修煉，而這種修煉還是要回到自尊的三大支柱。

停止內心戲，全然接納自己

玻璃心的人通常不是被失敗打倒的，而是被失敗後的自我攻擊打倒的。比如彙報工作的時候，剛說三句，就被主管打斷了，有些人可能會馬上調整狀態，繼續組織語言往下說，而且會後可能懊惱一陣就忘了。而玻璃心的人會當場變得語無倫次，事後則會一直在心裡罵自己：「怎麼那麼笨啊！嘴這麼笨以後就不要再發言了！」但這又和想得到認可的自尊心不相符，於是不斷處於想表現但又怕表現的糾結中。白天糾結也就算了，晚上躺在床上還想著這件事，就會影響睡眠。睡眠不好又會影響到第二天的狀態。狀態不佳會導致情緒更加敏感，一觸即發，由此陷入惡性循環。

想要打破這個怪圈並不容易，但以下這四個步驟一定有說明。第一步，**要克服一個認知偏差，那就是自我中心**。我們總以為自己是一切的中心，自己的一言一行都會被別人注意到。尤其當自己犯了錯時，總覺得別人看自己的眼光都帶著一絲鄙視。

實際上別人有別人的事，並不會特別關注到你。不信你去唱卡拉ＯＫ試試，無論你唱得再好還是再爛，如果你用餘光看看周圍的人，大家該吃的吃，該聊的聊，並沒有人在意你的唱功如何。

第二步，當你意識到這一點時，接下來就需要**拆解內心戲**，直面自己真實的想法，你越對自己內心真實的想法秘而不宣，就越會把情緒痛點往心裡藏。你要仔細分析問題出在哪兒，然後透過自我對話的形式，將消極思維轉變為積極思維。比如同事沒有及時回你的訊息，與其在心裡怨恨對方或者自責，不如問問自己：「是不是因為今天同事沒有回我訊息不開心了？」然後，你就需要像一個朋友一樣安慰自己：「哦！是這樣的。有沒有可能是因為她在忙呢？」先為他人假設一個善意的動機，會省掉很多不必要的內心戲。

第三步，**用自我慈悲來代替自我批評**。很多時候，我們安慰起朋友來非常溫柔體貼，對自己卻總是冷嘲熱諷，有的人甚至對自己的寵物都好過對自己。就好像我家貓，它做錯事的時候我雖然會罵它，但我不會跟它算舊帳。但是在數落自己的時候，我經常會把之前犯的錯誤也一併算上，批評自己：「妳看妳總是這樣！上一次開會，妳就已經說錯了話，妳怎麼就不能進步一點呢？」這時候，我會提醒自己要有慈悲心，也就是像對最好的朋友那樣對自己心懷善意，給自己需要的時間和關懷。

第四步，當你處在消極狀態時，**不要無視痛苦，更不要強裝正能量**。玻璃心的人受情緒影響比較耗電，能量波動比較大，因此要注意及時補充能量。我的一個朋友就是這樣，經常是前一分鐘還好好的，後一分鐘就悶悶不樂。能量高的時候覺得自己做什麼都行，能量低的時候，不但做什麼都提不起精神，還容易看誰都不順眼。

後來，她找到一個好辦法自我賦能。她給自己建了一個固定的「誇誇群」，群裡是幾個對她特別瞭解的朋友，每當她遭受打擊，情緒低落的時候，就回到群裡「求誇誇」、「求抱抱」，瞬間就能得到治癒。

人都是這樣，多被別人誇幾次，慢慢地自己也會覺得是那麼回事了，也會朝那個方向去努力。就好像我以前在美國的老闆經常誇我有領導力，其實那時候我連什麼是領導力都不知道，但聽著聽著自己就信了。

每個人都需要身邊有人，哪怕就一個人（可以是老闆、朋友、導師、伴侶），能夠全然接納自己，打破低自尊的惡性循環。我老公就是這樣一個人，他充滿包容心，無條件地接納我，他是我忠實的粉絲，在一次次的肯定中，讓我變得迷之自信。

原生家庭不可以選擇，但是再生家庭可以選擇。除了伴侶，我們的工作環境從某種程度上來講也是一個家庭。為了能夠及時補充能量，玻璃心的人還需要慎重選擇所在的環境。當你還沒有建立穩定的自尊的時候，我不建議為了磨練自己，把自己扔到一個非常惡劣、缺乏人文關懷的工作環境中。當你慢慢建立了自信和自我觀，再來磨練自己也不遲。

你需要先相信自己是一塊鑽石的料，再慢慢打磨，才能真的變成一顆熠熠發光的鑽石。

由內到外提升自信

我們每個人都有玻璃心的一面，且通常體現在自己最不擅長、最沒有安全感的領域。能力越低，越覺得別人看不起自己。想要提升自信，就要不斷提升能力，用實際結果來為自己增加自信，因為自信是一個成就的閉環。與此同時，自信還是一種外顯的特質，它可以體現在一個人的溝通、表達上，而外在的提升會帶動內在的改變。

自信也可以通過一些細節體現出來，比如站姿、聲音、說話的樣子等。好消息是，當你外在表現得更自信，甚至裝得更自信，時間長了，你的內在也會越來越自信。讀完前文關於氣場的內容，你應該已經感受到了這一點。

建立內在價值體系

克服玻璃心，培養鈍感力的最後一點，是把目光從關注他人的評價轉到關注自己對自己的評價，也就是說，不再用他人的評價和認可來證明自己，而是學會探索和建立內在價值體系——你是怎麼看自己的。

前面說到，自我賦能就是要在沒人抱的時候，自己抱抱自己；在無人喝彩的日子裡，自己為自己喝彩。然而，說起來容易做起來難，因為從孩提時代起，我們就都習慣了求抱抱，靠他人為我們賦能。我以前在企業工作的時候，作為一個打工人，每天的心情多多少少和老闆的認可相連動。老闆認可我的工作，我就覺得自己好棒啊，恨不能飛上天；而老闆不認可或者只是沒時間搭理我，我就認為自己是不是哪裡做得不好。

但是，創業改變人。作為一個內容創作者，很多時候我既要接受別人對我的內容的評論，還要忍受別人對我這個人的批評。有一次我寫了一篇文章，裡面講到我和小編一次不愉快的溝通和我的反思。寫這篇文章的目的是通過自我剖析，幫助讀者理解不同的情緒風格，沒想到留言裡有人寫道：「遇到像你這樣強勢的老闆，離職是最佳選擇！」還有人說：「高琳老師，恕我直言，您的性格缺陷需要專業人士的說明。」

我把留言放出來並且回覆：「每個人都是自己的專家。」言外之意，我知道我是誰，我並不需要接受你這種好為人師者的建議。

事實上，當我拿出勇氣把自己的問題暴露出來，寫在文章裡時，就表示我已經看到自己的問題，並且接納了自己。當然，接納不代表認同，它僅僅表示我知道在這件事上我處理得不好，需要改進，但這不代表我就不是一個好的主管。事實上，我非常自信自己是一個很不錯的主管。

建立這種內在評價體系並不容易，核心挑戰在於：大多數人並不知道自己真正想要的是什麼，更不知道要如何衡量自己的目標。比如，如果說主管的評價是一個衡量工作表現的外在評價體系，那麼你的內在評價體系是什麼？是「是否有所成長、學到東西」還是「是否有成就感」？你又如何衡量自己是否有所成長？是否有成就感？成長和成就感，對你來講又意味著什麼？這些問題都是我們在教練過程中經常會問被教練者的，對方經常思考很久也不一定有答案。而如果這個答案不清晰，你就很容易受到別人評價的影響。

所以，建立內在價值體系的核心是回答「你是誰？」「你想成為誰？」所有和這兩點沒有關係的外在評價於我來講都是雜訊。幸運的是，曾經玻璃心的我，經過漫長的探索，已經知道我是誰，也知道我想成為誰——我想成為一個賦能於他人的人。而**只有先自我賦能才能賦能於他人，畢竟我們沒法給別人自己沒有的東西。**

掌控力練習

1. 自信對你來講意味著什麼？如果讓你用1到5分來打分數，1爲非常不自信，5爲非常自信，你是幾分？

2. 回憶一下，當你做什麼，和什麼人在一起的時候最自信，那麼每當你不自信的時候就多做這件事，多和這些人在一起吧！

3. 每天臨睡前，記錄下自己這一天中做得好的三件事。不一定是很大的事情，只要在自己的評價體系裡，認爲自己是有成長的卽可。然後，時不時地翻一翻，幫助自己建立更全面的自我認知體系。

04

取悅換不來愛和信任

「好」是取悅者的心理盔甲。

——海芮葉・布瑞克（Harriet Braiker）

我之前在外企做政府關係工作，有一個同行朋友，她學歷雖然不高，但工作效率非常高，人緣也好，又很努力，因此贏得了老闆的信任。她從之前的行政工作轉到政府關係部門之後，還是有一些同事總是找她幫各種忙，她也不好意思拒絕。久而久之，她把自己搞得像個救火隊員，很忙碌，而且身心俱疲，時不時還會產生不耐煩的情緒。這種狀態讓她很苦惱，又不知道如何擺脫。

你是不是也是這樣的濫好人？把取悅別人作為你的首要任務？每天看似很忙，其實都是瞎忙活。看似人緣很好，但你心裡很清楚，同事、老闆並沒有把你放在眼裡，甚至有人會利用這點，把髒活累活都扔給你。有時候，你安慰自己說，現在的委曲求全是為了建立良好的人際關係，日後求人辦事方便。但問題是，你很少求人，總覺得拉不下臉來。你覺得自己挺窩囊，但又不知道怎麼打破這種僵局。親愛的，你被取悅這個心魔控制了！

別做不懂拒絕的濫好人

我們在成長的過程中，多多少少會通過取悅父母、老師而獲得愛、認可和安全感，尤其是女性，從小就被教育要做個懂事、體貼、善解人意、樂於助人的好女孩。

長得漂亮的女生憑相貌還可以得到別人的欣賞，長得不漂亮但學習好的起碼可以憑成績獲得老師、家長的讚許。而像我小時候，既沒有顏值，學習又一般，只能靠「有眼色」來獲得認可。所以我從小練就了一個本事：不等別人說出需求，就能判斷出他想要什麼。

長大以後，在職場上，很多女性即便自己很有能力，卻仍舊在給主管或者其他同事「打下手」，好像你的工作能力高低是根據你能否幫上別的同事的忙。每個人都希望獲得認可，這本身並沒有問題，但是當你把你的自尊跟你為別人做多少事，為此有多賣力和對方有多滿意聯繫在一起，甚至對他人的認可到了上癮的程度，就有問題了。這樣不但自己心累，別人也不輕鬆。比如說，前面提到的那個同行朋友經常送我禮物，這總是讓我不知所措，不知道要不要回贈她。因為這和我們真心喜愛一個人而送禮物或者為他們做事情不一樣，後者是心甘情願的，即便沒有回報也會去做，而前者只是一種交換——希望用我的付出來換回你對我的愛、認可、安全感和歸屬感。

就像《取悅症：不懂拒絕的老好人》（*The Disease To Please: Curing the People-Pleasing Syndrome*）的作者，美國心理醫生海芮葉．布瑞克所說：「『好』是取悅者的心理盔甲。」你相信當個濫好人能讓你贏得別人的喜愛，能保護你免受刻薄、拒絕、憤怒、衝突、批評以及反對的傷害。也正因為濫好人並不是真的好，而是為了獲得認可的一種交換，這就意味著當你覺得自己為別人做了很多，但對方沒有給到相應的回報時，你就會格外失落。這種情緒積累到一定程度，心理盔甲就會全面崩潰，情緒的爆發則會一發不可收拾。

這一點在情場上體現得尤為明顯。我見過很多「吸渣體質」的女性。明明自己很優秀，卻對男人百般討好、一味順從，以為不斷滿足對方的需求就可以換來愛，免遭拒絕和拋棄。問題是，你向傷害你的人示好，就是默許甚至鼓勵他對你進行進一步的傷害，最後不過是招來一個又一個渣男。

美國電視主持人鄧尼斯・惠利（Dennis Wholey）說過：「指望你的伴侶會因為你是好人就公平地對待你，這就像是指望公牛會因為你吃素就不衝向你一樣不切實際。」因為你所說的愛，不過是一種溫柔的手銬——害怕被拋棄從而採取的一種善意的操縱手段。**健康的親密關係是「我需要你，因為我愛你」，而不健康的關係是「我愛你，因為我需要你」**。這樣的關係非但不可能長久，反而會滋生PUA。

取悅在家庭關係中也會發生。有很多職場女性，無論自己多忙多累，永遠把孩子的需求擺在第一位，努力想變成一個上得了班、帶得了娃的超級媽媽。當這種能幹的行為不斷贏得老公、婆婆和周圍人的讚揚，超級媽媽的觀念就會不斷得到強化。明明兩個人都有工作，都很忙，但老公卻變成豬隊友，「喪偶式育兒」就是這麼來的。殊不知，這也是一種取悅。**取悅了所有人，唯獨沒有取悅那個辛苦的自己**。

總之，無論在職場、情場還是家庭，長期取悅他人，就相當於對著憤怒的公牛揮舞紅斗篷。要想讓公牛不再追著你，就需要趕緊扔掉斗篷，跟取悅這個心魔說再見，因為取悅，換不來真正的愛和信任。

擺脫「我應該」，擁抱「我想要」

有一次，我老公從美國打電話跟我說，兒子七月份要去法國找朋友玩一周，他想在那之後跟兒子會合再在歐洲玩一圈。我聽了以後很開心，他們父子倆能玩到一起去多好啊！但不知道為什麼，掛上電話之後，我感覺開心之餘，又有一點不對勁。

我使勁地想，到底是哪兒不對勁呢？慢慢地，我品出了一絲絲的失落。如果他們倆去玩了，我卻留在北京工作，每天工作的時候看著他們發來的照片，我真的不會失落嗎？

那既然如此，為什麼我不加入他們呢？此時腦子裡另一個聲音又冒出來了：「可是一個公司的人都靠著妳吃飯呢，這麼多要做的事，怎麼走得開啊？再說，能不能拿到簽證都不一定，妳還是應該更實際一點！」

真的嗎？如果我這兩周不工作，客戶就拋棄我了，團隊就垮掉了？不一定吧。到最後，除了我自己，估計沒人會為我的默默付出而感動。想到這兒，我取消了已經安排好的工作，跑到簽證中心去申請簽證，最後總算和他們在米蘭會合，開啟了一家人的假日旅行。當我在佛羅倫斯的博物館徜徉，在維也納的鄉間酒莊小酌，在巴黎的街頭閒逛的時候，每一刻我都無比感謝自己，幸虧當初沒有忽略自己的感受，真實面對了「我想要」，而不是「我應該」。

應該的背後是責任感，這雖然是必要的，但不應總是拿壓抑自我需求作為代價。要知道，我們很多時候並不是沒有需求，只是把別人的需求音量開得太大，把自己的需求調成了靜音。經常取悅他人的人就像腦袋上插了兩根天線，隨時隨地探測著他人的需求和期望並且圍著它們轉。你需要學會傾聽自己的需求，把自己的聲音調大。當你一直都把自己的需求調成靜音時，慢慢地，就不知道自己到底想要什麼了，還總是期待別人能猜出來；或者就算是知道自己想要什麼，也不敢直接表達，最後吃虧的還是自己。每次聽到「我應該」的時候都應該反問自己一下：「真的嗎？」

- 我應該先把家照顧好，再照顧自己。真的嗎？（連自己都照顧不好，怎麼照顧家？）
- 我應該以老公的事業為先，自己的可以以後再說。真的嗎？（他的事業一定會發展得比你的更好嗎？）
- 我應該聽老闆的安排，他讓我做什麼我就做什麼。真的嗎？（他一定知道什麼是最佳方案嗎？）

你會發現這些「我應該」都不過是別人曾經灌輸給你的規則，不一定經得起推敲。所以，去他的「我應該」，多一些「我想要」吧！

用坦誠對話代替互相猜測

我兒子交了個女朋友，有一天我問他，他倆有沒有吵過架。他說：「也不算吵架啦，就是有時候她生氣了，就會做妳們女孩子那一套，你問她怎麼了，她會說沒什麼，再問她『到底怎麼了？跟我說說嘛！』她會說：『真的沒什麼……』然後說著說著就哭了……」

我聽完笑得不行，看來哪個年代的年輕女孩子都是用這種「被動攻擊」來表達不滿的。相比起大吵大鬧這種主動攻擊，一言不發或者被動攻擊其實是最糟糕的溝通方式。「真的沒什麼」——並不是沒什麼，而是「我現在不想跟你說」。這是一種典型的迴避方式，而哭則是為了迴避進行的最後一搏。

眼淚不過是另一種表達憤怒的方式。憤怒的是——你要是愛我，你就應該知道我心裡想的是什麼！你猜不出來，你就是不愛我。但事實卻是——別人並沒有義務猜，別人也很難猜出來，尤其是當你都沒搞明白自己到底想要什麼的時候。

人是複雜的動物，我們的需求是多層次的。比如很多女性都覺得自己老公太直男，不夠浪漫。但其實，每個人對浪漫的理解都不一樣，表達浪漫的方式也不一樣。就像我老公從來不送我花，他覺得鮮花開兩天就謝了，不划算。他似乎不能理解女人對鮮花天生的情愫。他也很少買生日禮物給我，總說他不知道買什麼。有一年我生日，我跟他說：「我想要戴森的吹風機，但是覺得有點貴，你能送我嗎？」他聽了以後特別高興，轉眼就下單了。我這才意識到，他是一個想要對老婆表達愛、但又不知道怎麼表達的人。你給他一個具體的指令，他反而如釋重負。打那之後，我每次生日想要什麼就直接說，彼此皆大歡喜。

有一年我們去歐洲旅行，我從頭到尾沒有參與行程的安排，都是老公一手操辦的。我就只有一個訴求，想在巴黎拍一套寫真——說是提前慶祝我們結婚二十五周年，其實就是想要臭美。本來在巴黎的時間就很緊，又人生地不熟，還要在大街上配合我擺出各種姿勢照相，更不要說還要花錢。我很擔心他這麼摳門又嫌麻煩的人會不願意，但我還是提出了我的訴求，沒想到他非常配合。那天在攝影師的指揮下，他姿勢擺得比我還到位。這就是他表達浪漫的方式——只要老婆高興，做什麼都行。

浪漫是一種能力。這種能力就包含瞭解自己到底想要什麼，並且學會向對方表達自己的訴求，不要指望別人猜。就像《*Beyond Order: 12 More Rules for Life*》一書中講到：「在一段浪漫而永恆的關係中，誠實為王。」「你和對方都需要先瞭解各自需要什麼和想要什麼，並願意坦誠地討論這些想法。」

然而，我們有時候會因為害怕被拒絕而不肯明確自己的意願。我們會在心裡安慰自己：或許糊裡糊塗的，不明白自己到底想要什麼，就不會有得不到的挫敗感。但問題是，如果你沒有明確的願望，你得到滿足的機會就微乎其微。更可怕的是，如果你沒有自己明確的訴求，當結果又沒有讓你感到滿足時，你怨恨的通常不是自己，而是身邊無辜的、關心你的人。這種怨恨會越積越深，不斷發酵，直到最終爆發。既傷人，又傷己。

在巴黎拍照的時候，我發現攝影師很少讓我們擺靜態的造型，而是經常讓我們做我把我老公往我身上拉，或者我老公把我拉向他的動作。攝影師就在我們彼此的拉拉扯扯中搶拍。他解釋說：「兩個人之間彼此拉扯的張力，會讓照片有一種動態的美感。」這不就是為什麼在關係中，我們要學會表達彼此的訴求嗎？雖然並不是每一個訴求都會得到滿足，但雙方可以通過這種拉扯，感受到對方想要去的方向，從而增加對彼此的瞭解，是這股張力讓這份關係更鮮活。

在職場也一樣，彼此客客氣氣的團隊是缺乏信任的團隊。我有一次給一家公司的高管團隊做「團隊協作的五大障礙」工作坊。在第一個小組練習時，我就發現這個團隊極度缺乏信任。儘管小組成員各自意見不一致，但沒有爭論，最後竟然靠投票達成了共識。投票看似很民主，但其實是在迴避矛盾。

真正有信任度的團隊，會選擇對話。在對話中，我們要明確告訴別人自己想要什麼，不想要什麼。如果自己的訴求經常得不到滿足，或者利益受到侵犯，這時候我們就需要學會表達不滿。就算解決不了問題，最起碼彼此也增加了瞭解，當未來發生類似衝突的時候就會更有可能獲得解決。相反，如果總是試圖避免衝突，問題就會反覆發生，還會讓雙方的關係變得越來越糟糕。

重新認識人際關係中的衝突

曾經有位女學員珍妮來找我做教練，她在一個創業公司工作，大家的節奏都非常快，工作職能劃分也不是特別明確。每次有誰找她幫忙，她就算心裡不願意，「不」字也老是說不出口，所以辦公室裡經常就剩下她一個人加班。久而久之，她心裡特別不平衡——為什麼受累的總是我？

我問珍妮：「不敢拒絕別人，妳在怕什麼？」她說：

後誰來承擔這個結果，那就是誰的事。假如你的同事找你幫忙，無論你幫還是不幫，最後他都要對那個專案的結果負責，那就是他的事，不是你的。

要做到這一點，前提是你得有一個自我邊界。換句話說，你為人處世的原則和底線是什麼？你能接受什麼，不能接受什麼？你想要什麼，不想要什麼？**只有自我界限清晰，才能清晰地表達自己的訴求**，當底線被觸及的時候，也才能有所覺察，並且用合適的方式表達自己的意見和不滿。

二、如何恰當地表達不滿？

我們經常說對事不對人，但其實所有的衝突最終都不是針對事的。沒有人會傻到和事情生氣，生氣的都是做事的人。所以在解決具體問題之前要先解決情緒問題。

不滿和憤怒的情緒本身並非有害，讓它們變得有害的，是帶著情緒的表達方式。在建設性的表達中，我們的初衷是解決問題、改善關係，而不是單純地指責、抱怨、發洩情緒，這些都是破壞性的表達。

來看看這兩種表達方式的區別：

聽起來的感受是不是完全不同？建設性的表達方式是開放性的，面向未來的，而不是揪住過去的事沒完沒了，也不會以偏概全。特別需要指出的是最後一條。在人際關係中，

建設性的表達	基本的價值觀	破壞性的表達
對剛才那個項目的反對意見，我想知道你的出發點是什麼。	開放 vs 封閉	你既然覺得這個項目不行，那我也沒什麼可說的了，隨便！你高興就行！
你總是說你愛我，但你那麼做並沒有讓我感受到你對我的愛。	感受 vs 指責	我覺得你就是不愛我！你不愛我幹嗎還娶我？！
如果你能夠配合我們，我們的項目就可以進行得更順利。	說服 vs 威脅	你要是不配合，那就走著瞧！
這件事已成定局了，那我們說說下次怎麼才能避免吧！	面向未來 vs 糾纏過去	這事我跟你沒完！你到底有沒有腦子啊！
我相信你也是愛這個家的，但是當我需要你幫忙做家務的時候，你卻在那兒打遊戲，這讓我覺得很不公平。	信任 vs 質疑	你一天到晚就知道打遊戲，從來就沒想過要為這個家付出！

我們的行為經常是出於良好的意圖，只不過別人能看到的僅僅是表面的行為。比如說，如果你執意認為老公打遊戲不做家務就是因為他懶，那他無論做什麼都不可能讓你滿意。要建設性地表達不滿，溝通中你可以挑戰對方的行為，但不要輕易否定對方的意圖。你要先

認可對方的積極意圖，比如他也是愛這個家的，然後再瞭解既然如此，那他到底卡在哪兒了？看看你們是否能共同解決這個卡點。

我的一位學員就是聽了我的建議後回去好好跟她老公溝通，才意識到其實是因為他工作上不順利，心情煩躁，於是靠打遊戲來麻痹自己。

所以你看，你以為的問題通常都不是真問題，而只有基於信任的溝通才能發現真問題，真解決問題。

三、如何優雅地拒絕他人？

很多人都好面子，怕傷和氣，不敢直面衝突，於是總是找出諸多藉口來緩衝，最後反而弄巧成拙。在拒絕別人的時候，我們特別需要注意以下三點。

（一）不要用拖延作為擋箭牌

如果你已經明確知道自己要拒絕，可為了不傷和氣，就跟對方說：「要不讓我再考慮考慮？」這看似是個緩兵之計，問題是，於對方來講，這一線希望會隨著時間的拖延不斷增長，而希望越大，被拒絕的時候失望也就越大。更不要說，在等你「考慮考慮」的時候，也抹殺了對方去尋求其他幫助的動力和可能。當你拖到不能再拖，不得不拒絕對方時，那時候拒絕的殺傷力會是一開始就說「不」的好幾倍。

（二）不要隨便承諾下次

我以前也屬於「說不困難戶」，經常用「下次」為自己留個活口。後來我發現，這哪裡是留活口，簡直就是給自己挖坑。說者無心，聽者有意，有人真的會把你的客套話當真，而且每次說下次都是在提前預支你的信任，所以不要隨便承諾下次。

（三）不要囉囉唆唆解釋，說多錯多

拒絕了就拒絕了，當你費盡心思去解釋的時候，說得越多，別人越會感覺你是在找藉口，而且會在你的話裡找到漏洞。如果你的邊界清晰，也相信自己有權捍衛邊界，根本就不需要做過多的解釋。

當然，這也不是說讓你直接把人家懟回去。尤其是在工作中和同事、老闆說不，處理不好，你會失去別人的信任，成為獨行俠。那麼要怎麼說不，才能既表明了態度，又不傷和氣呢？我跟你分享一個Yes—No—Yes if三部曲。

第一步：Yes，共情對方的感受。

共情是與他人建立親和與信任，甚至是所有溝通的基礎。只有當對方感受到「我的處境和難處被理解」時，你後面要說的，才能被聽進去。而表達共情最簡單的方式就是說出對方當下的感受。比如：「我知道，這件事很急」、「我知道，這事對你特別重要」這樣

說能讓你接住對方的感受而非對方的請求，當對方的感受被看到了，接下來你再提出拒絕就更容易被對方接受。

第二步：No，提出拒絕理由。

「這件事我做起來有困難，是因為……」一個成熟的人，能夠理解並尊重別人的邊界。當你提出了正當的理由，極少有人會說：「你是什麼人啊，這點忙都不幫。」如果碰上那種特別會磨的人，你知道自己有可能會頂不住對方的反覆請求，此時最重要的是不要馬上回覆，而是繼續重複說出剛才你聽到的對方的感受，並再次表達你的同情，讓對方知道你理解他的請求，也感受到了他給你的壓力，然後重申你拒絕的理由。

第三步：Yes If，提出退一步的條件。

這一點，在和上級溝通的時候，尤為重要。你要是把上級給你的任務都拒絕了，那你的職業前景也就被拒於門外了。但你的時間、精力是有限的，所以怎麼辦呢？很簡單，要麼講條件，要麼把球踢回給提出請求的人。比如你可以說：「如果給我更多時間／人力／物力，我就能做。」或者請上級幫你排出事情的優先順序，讓他來判斷應該放下哪件事，來做他剛交給你的事。

你可以說：「老闆，我知道這個案子特別重要，關乎我們這個季度的業績。可我手頭現在已經有ABCD專案了，真的顧不過來。如果這個E案可以下個月啟動，或者D案能暫時放一放，我就能做了。您覺得如何？」上級聽到這樣的回答，自然就會告訴你他的意見，畢竟他的目的是把事情辦成而不是把你逼死。總之，**拒絕不是把路堵死，而是在捍衛自己邊界的同時，為別人指出一條路**。就算沒幫上忙，至少讓人覺得你是理解他的，也願意幫他想法子。

掌控力練習

想想你最近一次把時間留給自己，做自己喜歡的事情是什麼時候？請你打開你的筆記本寫下：「我要好好照顧自己，才能心情愉快，才能照顧好我生活中最重要的那些人。」然後列出至少十項你覺得令你愉快的活動，比如自己去看場電影、做個SPA等。有些活動可能只需幾分鐘，而有些則可能要花更多的時間。然後，一項一項地去做吧！

05

改寫內心故事，擺脫過度控制

生活彎彎曲曲，別想著把它弄直了。

——蘇珊．斯科特（Susan Scott）

回想一下曾經共事過的老闆、同事，我相信一定有那麼一兩位讓你印象深刻的控制狂——無論你做什麼，他都像一隻趕不走的蒼蠅一樣，在你的身邊嗡嗡盤旋。凡事他必須是開車的那個人，就算是坐在副駕駛座上，也得指手畫腳的，讓人有壓迫感，覺得不被信任。我曾經有一位奇葩的得力下屬就是這樣的。有時候我和他一起跟客戶開電話會議，我和客戶溝通的時候，他會在旁邊提醒我應該怎麼說，然後把寫了關鍵字的紙硬塞在我面前，好像我是三歲小孩，需要媽媽教我怎麼跟大人說話。

其實，有這樣的下屬很省心，畢竟人家幹活也上心。但是，通常這樣的人在執行層面可以做得很好，到了戰略層面就不行了，放到團隊領導的位置則容易把下屬逼瘋。這當中很大一部分原因就是他們缺乏在不確定的資訊中做出相對確定的決策能力，以及為此承擔風險的魄力。

不確定環境下的控制欲

當你初入職場，還在底層的時候，工作中需要打交道的人就那麼幾個，你掌握的資訊也有限。而當你越往上走，你所掌握的資訊量越大，這其中確定的資訊也就越少，同時，你也越需要和不熟悉的人協同合作。而人，又恰恰是這個世界上最不確定的因素。這就是為什麼職場人越往上走，就越需要有對不確定性的容忍度，這也是我們看一個職場人是否具有上升空間的重要指標。

然而作為人類，我們天生就不喜歡不確定性，對確定性的渴望則是刻在基因裡的。不確定性會在我們腦神經邊緣系統中產生強烈的警報反應，所以，當我們面對未知的時候，腦子裡想像的並不是各種不確定的可能性，而是最壞的情況。女性的想像力尤為豐富，尤其是對自己非常在意的人和事。如果孩子放學回家晚了，當媽的總是會往最壞的情況想：是不是被車撞了？是不是被壞人帶走了？不確定性讓人不知所措，很多人面對它的方式，就是創造一個虛構的故事。雖說所有的心魔都擅長編故事，但過度控制這個心魔尤為擅長編恐怖故事。

就比如我的那位下屬，他覺得別人做的東西都沒有保證，只有他做的才最確定。凡事只有他出面才能控制，否則局面就會失控。而失控就意味著危險與威脅，因此絕不能讓它發生！但凡出了一點差池，他就認為：「唉！要是我當時控制得再多一點，就不會是這種結果了。」

過度控制這個心魔的訴求很簡單，即希望周圍的一切人和事都盡在掌控，它讓我們相信如果我們能控制自己的環境（包括別人），我們的生活就會一帆風順。這樣的人給人的感覺總是很緊繃，缺乏鬆弛感，無論什麼時候都很難放鬆下來享受當下。

不只是在職場，親子關係也是過度控制的高發區。母性中天生的保護欲經常會演變成控制欲。然而，父母的控制欲越強，孩子就越不想告訴父母在他身上發生的事，因為擔心會被嘮叨、責罵；父母因此也不知道孩子到底是怎麼想的，於是越發想要控制，結果陷入惡性循環。倫敦大學的一項研究發現：父母的控制行為和孩子以後生活中的心理健康問題之間存在關聯。家長控制欲過強，對孩子幸福感造成的負面影響，與痛失至親產生的負面影響程度相近。

過度控制對夫妻關係的傷害也不小，它會讓夫妻關係變得緊張。比如，丈夫越想掙脫控制，獲得自己的空間，妻子就越控制，最後雙方都感到窒息。

我們都希望對生活有更多的掌控感。但其實，**對風險和未知的容忍度越高，對未來就越有掌控感**。舉個極端的例子，每個人最終都會走向死亡，但是如果可以預知你什麼時候、以何種方式死去，你願意知道嗎？相信大多數人並不想知道，因為知道也改變不了最終結果。這種確定性非但沒有增加對生活的掌控感，反而平添無力感。

人的一生就像是一本故事書，一頁一頁地看下去才有趣，誰想要被劇透了的人生？想要成為生活的作者，你首先要重新定義你與變化和不確定性的關係。

區分假想跟事實，選擇積極的內心故事

說到變化，對職場人來講，最難的莫過於裁員了。在做教練的時候，我發現被教練者如果有過被裁員的經歷，儘管已經過去很多年，每次說到還會情緒低落，甚至說著說著又情景再現，傷心落淚。

在我的職場生涯中，曾經幫助過公司裁人，也幫助過被裁者重回職場，重建信心。我發現，很多人之所以會有深深的無力感，就是因為一直在不斷反芻自己的「被裁故事」，不斷地傷害自己，直到把自己紮得血淋淋的。這些故事的劇情大多類似：「我為公司忙前忙後那麼多年，最後落得一場空，真寒心。」「老闆前一天還說我績效突出，第二天就把我裁了，這不是騙人嗎？」「明明我績效比張三好，沒想到他留下了，我被裁了，這不公平！」的確，被裁員失去的不僅是一份工作，更是一份信心，對自己的信心，對職場的信心，甚至對未來的信心。但是，那些從中走出來的人，無一例外不感謝那段經歷。

我的保險經紀是我以前的同事，她被裁之後加入了保險大軍。從堂堂外企財務經理到保險專員，一開始難免有落差，再加上她為人靦腆，說話細聲細氣的，連我當時都擔心她

不成。但不到幾年她就進入了保險界的百萬圓桌會議（Million Dollar Round Table，簡稱MDRT），現在帶一個小團隊，靈活的工作時間還能讓她照顧好兩個孩子。這就是所謂「打不死你的，會讓你變得更強」。

在暢銷書《反脆弱：脆弱的反義詞不是堅強，是反脆弱》（*Antifragile: Things That Gain from Disorder*）中，作者納西姆·尼可拉斯·塔雷伯（Nassim Nicholas Taleb）指出：「當一件事暴露在波動性、隨機性、混亂、壓力和風險下時，不僅不會受到損害，反而能從衝擊中受益，茁壯成長。」所以說，不要追求絕對的安全和穩定，有一點波動是好事。就好像打疫苗一樣，**將自己主動暴露在風險變化中，反而是應對風險的最好方法。**

假如你的人生是一本故事書，那麼變化和失敗不過是一個故事中的衝突而已，或者是你人生這本故事書中的一個章節。一個章節不代表一本書，並非每一章每一節都很精彩，**有高潮有轉折有事故，才是好故事。**生活的美妙之處在於你總是可以寫一個新的章節。所以與其為事情沒有如你所願而感到沮喪，不如用這種能量去書寫下一章。**當你改變了你的內心故事，就能改變你看待自己的方式，而這又會影響到你的外在行為，從而帶來不一樣的結果。**這就是「有意思教練」平臺中成為教練認證課的底層邏輯。

舉個例子，我有一個學員小蔓，她的工作是做科研。在科研單位，衡量一個人的績效是看有多少科研成果申請了專利。那一年正好遇上疫情在家辦公，她狀態不是很好，所以沒有申請任何專利。為此她找老闆訴說，老闆對她百般鼓勵。但每當想到同事見面時會問她今年申請了多少專利，她就自慚形穢，甚至自閉到不想再回辦公室。

在教練的時候，我問小蔓：「當同事問妳今年申請了多少專利時，妳心裡會對自己說什麼？」她沮喪地說：「我覺得同事一定認為我不行了，我覺得自己簡直就是一個徹頭徹尾的失敗者。」我緊接著問：「那妳希望的結果是什麼？」她說：「我希望自己能找回自信，妳知道我其實……」（此處省略五百字，因為說到自己本來多麼厲害，她就進入了滔滔不絕的模式。）我又問：「那如果做到了這一點，當同事再問妳時，妳會怎麼回答？」小蔓遲疑了一下說：「我會說，雖然我今年沒有申請到專利，但是還有一些研究成果在路上。希望明年能做得更好。」我心中竊喜，這回答不錯啊，溫柔而堅定。我再問她：「那如果妳能這樣做，妳會怎麼看待自己呢？」她又低頭想了一下說：「我會覺得自己不過是暫時迷失了。」

我問了小蔓最後一個問題：「那妳會對自己說什麼？」她說：「我會對自己說加油！妳本來就很優秀！」所以你看，「同事看不起她」這並不是一個事實，而是她自己在心裡編的故事，但是這個故事嚴重影響了她對自己的身份認同——她認為自己就是個徹頭徹尾的失敗者。而如果想要有不一樣的結果，那就必須先有一個不一樣的故事和不一樣的內心對話。

要知道，你的生活不是別人寫的書，你要創造你自己的故事情節。就算最終結果不一定會按照你計畫的去發展，但這並不意味著你不能在這個過程中扮演更積極的角色。就像小蔓，就算她回到公司，同事果真流露出對她的冷嘲熱諷，那又怎樣？別人不過是你生命故事中的配角，你才是主角和作者。有挫敗感的時候，要注意區分假想跟事實，因為**你選擇什麼樣的內心故事，就是在選擇什麼樣的人生。**

學會即興表演，做自己人生故事的劇作家

經常有學員問我：「我想在三十歲的時候做到經理，三十五歲做到總監，四十歲創業，但我現在都快三十了，還一事無成，怎麼辦？」還有一次，在一個線下見面會上，有個女學員問我：「我有一個輪班的機會，我特別想去，但我明年要生小孩，我怕到時候無法勝任。」我問她：「所以是已經懷孕了嗎？」她說：「沒有啊，剛開始備孕。」

我們生活在一個演算法時代，每個人都恨不能把自己的職業生涯精準地進行規劃，計算什麼時候達到什麼目標，卻沒有意識到，這種過度規劃只能讓自己更焦慮。

我自己就是一個特別愛規劃的人，我的蓋洛普優勢排名第一的就是「統籌」，如果今天出門要辦好幾件事，我會規劃好路線，確保能用最少的時間辦最多的事。如果是旅遊，我會提前做攻略，確保這條路線能看到最多的景點而不走回頭路。但是當我把這項優勢用在規劃我兒子的學業上的時候，問題就來了。按照我的計畫，他上高中的時候要和他爸搬回美國，順便照顧一下我公婆，我則可以兩邊跑。沒想到疫情導致計畫一拖再拖，到後來他說不想去美國了。而我執意要按照我原來的計畫進行，當時想的是可以到美國重讀一次十一年級，一方面適應一下，另一方面也可以留出充分的時間準備ＳＡＴ（美國學業能力傾向測驗）。

沒想到，到了美國，學校說他的學分已經修夠了，不能再重讀了。這下直接進入了十二年級，還有三個月就要申請大學，卻一點準備都沒有，只能背水一戰，我悔得腸子都青了。

雖然最後他也進了還不錯的大學，讀了自己喜歡的專業，但是這件事給我的最大的教訓就是，**有時候過度規劃反而增加了不確定性。你永遠都不知道明天會發生什麼，越想控**

制越容易弄巧成拙，還不如就踏踏實實地抓住那些確定性的東西。而生命中唯一的確定性就是當下。

所以，人生的故事一次寫一個場景的劇本就夠了，而不是一口氣預設好這劇的全部情節。況且你能把自己的劇本寫好、演好就不錯了，就不要妄想把別人的劇本全設計好。即便作為父母或者主管，我們可以像編劇那樣，給劇中的人物一個名字和角色，但是演員一旦進入角色開始他們的表演，他們就會遵循自己的直覺，而不是嚴格按照你所設計的劇本來演。

電視劇《人世間》中有一場戲：一家人好不容易過年湊到了一起，晚上躺在東北的炕上，雷佳音飾演的小兒子周秉昆突然問父親覺得他們兄弟姐妹三個誰最好。都是自己的孩子，哪個不疼哪個不愛啊，這叫當父親的怎麼答？周父閉著眼睛，慢悠悠地說：「都好，你姐和你哥不在家的時候，你最好，誰在身邊誰最好。」這一幕我看得落淚。後來才知道，這麼動人的表演竟然是雷佳音的即興表演，而飾演周父的演員丁勇岱竟然接得這麼自然。

其實，很多經典的影視表演畫面都是演員的即興發揮。人生也是一樣，如果為了避免不確定性而要求所有的事情都按照我們的計畫發生，那我們就不再能享受生活給予的驚喜了。

暢銷書《逆齡生長》（*Counterclockwise: Mindful Health and the Power of Possibility*）的作者，哈佛大學心理學教授艾倫．蘭格（Ellen Jane Langer）認為：我們要發掘不確定性的力量，而非總是尋求一種確定性。她說：「事物一直在變化。而眾多研究表明，只要我們允許事情發生變化，只要我們認識到我們不知道，機會就會向我們展開。」

的確，我們不是神，生活不可能完全按照我們所計畫的發生。與其過度規劃，不如學會與生活共舞。當你以自己人生故事劇作家的身分看待變化時，你就能慢慢學會把期望放在一邊，專注於你可以控制的事情，擺脫焦慮，享受當下。

讓內在小孩慢慢長大

講到這裡，你可能也意識到了，**心魔不過是一種習慣性恐懼，也是一種潛意識中內心對話的特定模式**。心魔聽起來可惡，總是在關鍵時刻跳出來對我們說三道四、指手畫腳。但其實它不過是我們內心尚未被滿足的內在小孩。它想要的也不過是安全感、歸屬感、成就感和掌控感，這些內在動機都再正常不過了，生而為人，我們每個人都需要。

只不過因為它還是個沒長大的小孩，不知道如何以合理的方式來表達自己的訴求，所以當缺乏安全感的時候，它就會陷入玻璃心，或者試圖通過迎合他人來獲取歸屬感。當面對不確定性的時候，又希望通過過度控制來獲得掌控感。如果這個內在小孩一直不長大，它就會反覆出現，從而成為我們的心魔——要麼自己跟自己較勁，要麼跟他人或者環境較勁。當然，現實生活中，不僅僅是我總結的這些心魔，還有很多很多，但所有的心魔，無論它們的外在表現如何，最核心的都是覺得自己不夠好。

我們永遠都無法完全擺脫心魔的控制，但是我們可以學會和心魔共處，不再時刻被那個撒潑耍賴的內在小孩操控。作為教練，我希望透過一系列教練技巧幫你看到自己的內在模式，重新看待自己，重新看待所謂的問題，讓問題不再是問題。其中很多技巧在前面的章節都有提到，在這裡不妨總結一下。

一、提高自我覺察

我們每個人每天從早上一睜眼就會跟自己展開對話，從起還是不起、睡還是不睡，人一天會跟自己產生上萬句內心對話。這其中有些對話是善意的自我保護，而有些則是心魔。怎麼才能識別什麼是心魔呢？有一個非常簡單的辦法。心魔是個魔，所有的魔都很戲劇化，它們總是喜歡極端化、絕對化的表達，比如當你聽到總是、永遠、不可能、再怎麼也不行等類似的話時，你就知道那並不是真實的，而是你的心魔在作怪。

還有一個辦法，善意的內心對話總是以清楚的聲音表達出來，而心魔則更像是雜訊嗡嗡嗡的，讓你覺得很煩，又似乎不知道它到底在說什麼，反正就是時不時地跳出來，然後喋喋不休地否定你、嚇唬你。

別忘了，心魔見光死。當你看到了自己潛意識的模式，就相當於把它從潛意識層面浮現到了意識層面，這時候，你才能用到理性思維、換框思維、故事思維等來分析、判斷，從而做出更好的選擇。

二、換框思維，從不同角度審視問題

換框法是神經語言程式學的核心方法之一。我們在看外在世界的時候，會選擇性地獲取自己所需要的資訊，而不是資訊的全部。你可以用兩隻手比畫出一個鏡框來，框裡面是你所選擇的資訊，而框外面則是你淘汰的資訊。選擇這個框的標準就是我們的慣用模式，這些模式既是你習慣性的選擇，也是你對待這個世界的方式。

比如，聽說公司要裁員的消息，有的人惶惶不可終日，各種擔心、焦慮、害怕；有些人則能夠冷靜地思考還可以做些什麼幫助自己降低風險。就是這些模式決定了你選擇把什麼資訊放進框裡，把什麼資訊淘汰。

每個人都有自己的框，這些框由很多歷史和現實因素決定，這也是為什麼不同的人看待同一件事情時會有不同的反應。但是當原有的模式不能解決眼前的問題時，就可以選擇一個新的框，從而找到新的答案。當你陷入困境的時候，你可以先用一句話描述當前的問題，如團隊人員能力不夠，無法達到業績目標。此時你可以問問自己，當你以這種方式看待問題時，你有什麼收穫？你失去了什麼？你還能怎麼看？寫下五個有可能的視角。比如：

（一）公司的發展速度超過員工的成長速度

（二）業績目標制定得不合理，難以實現

（三）直屬主管沒有提供足夠的幫助，總是期待團隊自學成才

（四）團隊太忙，沒時間去拓展新能力，只能用現有的能力解決新問題

（五）人選匹配有問題，可能有些人根本不適合這個崗位，需要調整

這些新視角就是新的框，它們可以帶來解決問題的新角度。

三、故事思維，用新故事代替舊故事

當初我辭職出來創業之前一直很恐懼，擔心養活不了自己。我的內心故事一直在心裡發酵，眼看著就要變成驚悚片了。後來，我換了一個故事跟自己講：「好吧，就算妳闖蕩一番發現自己根本不是創業的料，到時候大不了就回去上班好了，這時候，或許還能講一

個浪子回頭的故事呢！」

我們的內心故事背後其實是我們如何看待自己。思維決定了行為，行為導致了結果。而**當你改變和心魔的內心對話時，你就改變了你的生活**。當問題的焦點發生了變化，思考問題的方向和心態也會發生變化，自然就會出現不同的結果。所以，下一次當你聽到自己的心魔在給你講一個恐怖故事的時候，看看你能否換一個故事講給自己聽。注意，改變你的內心故事，就是改變你的心態。

除了這些思維方式，我們在做教練的時候還必須具備一些基本的心態，而這些心態能夠幫我們更好地戰勝心魔。

四、慈悲心

在這個世界上，對我們嚴苛，甚至殘酷到不肯放過我們的人，不是別人，正是自己。而自我慈悲，就是像對待最好的朋友那樣對待自己，心懷善意，給自己需要的時間、關懷、陪伴和理解。就好像我看上去很自信，但也經常覺得自己不夠好、生意做得不夠大、書賣得不夠多、還越來越老……但是帶著自我慈悲看自己的時候，我經常會對自己說：「妳真的很努力了，無論做成這樣，值得為自己喝彩！妳已經找到了可以為之付出一輩子的事業。既然是一輩子的事，那急啥呢？路還長，時間還有的是，先好好活著比什麼都強，以後的事誰都難說。」

越是能接納自我的人，就越能接納他人。當我們能對自己更慈悲時，就會對他人更有慈悲心。

五、聯結

摧毀一個人最快的方法，就是切斷他和這個世界的聯結，因為生而為人，我們是一種社會型動物，我們天生需要聯結，這是經過神經科學家論證的結論。在《脆弱的力量》一書中，作者認為聯結來自：「當人們覺得自己被關注、傾聽和重視時；當人們的付出與收穫沒有受到任何評判時；當人們從關係中獲得支持和力量時。」

每個人都需要外界帶來的安全感和在一段關係中的歸屬感。但是當一個人對外在過分關注，總感覺自己不被關注、不受重視，好像每個人都在評論自己時，他就會變得玻璃心。而如果總是依賴關係中來自他人的認可來獲取歸屬感，就容易陷入取悅他人的怪圈。

其實，聯結不一定是你和他人之間的聯結，也可以是你和自己的聯結，還可以是你和工作、大自然，甚至世間萬物之間的聯結。你和自己的聯結越緊密，你的內心就越強大；你和工作的聯結越強烈，你在工作中獲得的價值感肯定就越高；你和大自然的聯結越緊密，你從其中獲得的能量就越多。聯結存在於人們之間的能量。當你把自己的能量提升了，不僅能吸引來更高能的人，還能讓你和他人之間的聯結更緊密。而如果你自身的能量值低，就很容易吸引來侵犯你邊界的人。

事實上，聯結來自清晰的邊界感，這一點可能和普遍的認知正好相反。難道不是關係越親近、邊界越模糊的人，關係越好嗎？但你仔細想想，為什麼父母對我們這麼好、這麼親，但有時候我們還會在心裡跟他們有疏離感呢？因為父母經常越界，插手我們的事情。建立清晰的自我邊界，有助於減少玻璃心，因為這意味著我為我自己負責，別人也有義務為他自己負責。你關於我的任何評價都是屬於你的，本質上和我無關。

如果在關係中，你能夠設定清晰的邊界，把焦點放在自己身上，就會減少批評、指責等各種破壞關係的行為，同時也不會過度期待他人的認可，反倒是會增加尊重，促進傾聽，有助於建立和維護關係。你會發現，**你越不期待別人喜歡你，別人越有可能喜歡你**。而取悅從來換不來真正的愛和信任。

六、好奇心

我們對變化和不完美的恐懼都來源於對是非、成敗的執著。然而，單純地停留在二元對立、只分對錯的心智模式，大約是一個五歲兒童的狀態。成年人的世界並不是黑白的，而是不同程度的灰。對和錯、好和差、控制和失控中間的灰色地帶很寬、很長，足以讓一個人去探索、去經歷失敗並且從中學習。

所以，每當你陷入完美主義，或者陷入對不確定性的恐懼時，與其糾結於對錯，不如好奇一下，看看這條路究竟會帶你走向哪兒。生活不是只有驚嚇，也有驚喜。當你對不確定性的接納能力增加了，你會越來越相信自己的能力和直覺，越來越自信。

每一天都是寫下人生新篇章的機會，只不過需要有跨越不確定性的勇氣。

七、勇氣

說到勇氣，你可能會想到一些偉人及其壯舉。其實還有一種平凡的勇氣，是我們每一個普通人都擁有的能力，它在生活中處處可見。

- 在意識到自己能力不足的時候，向他人求助，直接說出自己的需求。
- 在討論一個問題的時候，所有人都認同老闆的思路，就只有你提出你的顧慮。
- 在邊界被侵犯時，就算害怕被別人討厭，也可以溫柔而堅定地說出你內心的訴求。
- 在人人都恐慌的時候，依舊保持一點理智的判斷，就算你的判斷和大多數人不同。

勇氣就是儘管我很想要確定性和掌控感，但還是能戰戰兢兢地把自己交給命運去搏一把；勇氣就是承認我們不完美，也知道這個世界不完美，但還是勇敢地把不完美的自己暴露在這個不完美的世界中。那麼根據這樣一個定義，你認為在你的人生中，做過的最有勇氣的事是什麼？

其實，每個人都有足夠的勇氣，只不過，我們勇氣的聲音經常被心魔的雜訊掩蓋了。而在面對完美主義和過度控制這兩個心魔的時候，我們需要格外用到好奇心和勇氣。

你不需要到處去找勇氣，你需要的是激發自己已經有的勇氣。**真正的勇氣，並非沒有恐懼，而是在看到恐懼的同時，能夠敢於面對恐懼。**正如羅曼・羅蘭所說：真的勇士無非是在看清生活的本質後依然熱愛它。

掌控力練習

回憶過往的一次最有勇氣的經歷，那次是什麼帶給了你勇氣？當下一次需要勇氣的時候，你會對自己說什麼？

PART 3

自在

安頓自我，保持能量滿格

01

定製你的精力充電器

精力才是你最寶貴的資源，
而不是時間。

——吉姆．洛爾（Jim Loehr）

三十七歲那年，公司給了我一個機會去英國讀在職的企業管理博士（DBA）。想到以後能被人稱為高博士，我心裡有點飄飄然。沒想到開始讀了才知道，海量的閱讀、調查資料分析、英文論文寫作，這些所需要的時間和精力遠遠超過我的想像。恰巧我剛剛接手了一個全球團隊，整天不是開會就是出差，根本找不到整塊的時間寫論文。唯一能擠出來的就是週末，但那時候我兒子才五歲，正是需要陪伴的時候。結果就是上班的時候惦記著寫論文，寫論文的時候惦記著孩子，跟孩子在一起的時候又惦記著工作……感覺自己累得半死但好像哪個也沒做好。這種想做好又做不好的自我批評非但沒有轉化成動力，反而變成一種內耗。

很多職場女性都這樣，事業往上爬坡的時候，偏偏又是家庭負擔最重的時候，而且還是體力開始走下坡路的時候。在這時候如果你還想再讀個ＭＢＡ、考個專業證書，那就更是對精力的極大挑戰。

精力不足不單是中年人的問題，年輕人也有年輕人的糾結。他們一邊熬著最深的夜，一邊敷著最貴的面膜；一邊是對健康的渴望，一邊是邁不開的雙腿；白天明明很累了晚上卻又不想睡，總覺得好不容易有點自己的時間，就想一個人安靜地追追劇，結果第二天早上又起不來，到辦公室就靠咖啡續命。

我們經常說一個人精力不夠，缺乏精氣神，總是無精打采的。從中醫學來講，人的生命起源是精，維持生命動力的是氣，而生命的體現就是神的活動。

精——可以簡單理解為一個人的體能、體質，這當中有一部分是與生俱來的。比如有的小孩，從小就精力旺盛，不吃不喝還特別有活力。這樣的孩子，長大了也是那種快充型的。而後天通過飲食獲得的營養提供了後天之精，那種能吃能喝、胃口好的人精力差不

運動員是靠運動與休息的交替進行來最大限度地提高表現的，白領運動員也一樣，適度的壓力雖然能夠刺激到自身精力系統的再生能力，但就像彈簧似的，壓力太大或者持續時間太久也會彈性疲乏的。因此做精力管理時，很重要的一點是，找到精力消耗與恢復的節奏，做到張弛有度，並且不斷提升精力的再生能力。

二、精力管理，不只要看進口，還要看出口

小時候你肯定做過一道數學題：水池中一邊進水，一邊放水，如果放水的速度超過進水，那水池永遠也滿不了。精力管理也是一道數學題，不但要看進口，還要看出口。你不能一邊進補，一邊透支。要清楚地知道什麼能給自己帶來能量，什麼又會透支你的精力。比如通勤就是很多人精力的一個漏水孔。在城市早晚高峰時段搭捷運是個體力活，還沒到辦公室就已經感到精力消耗了一半。

在中國有個研究資料顯示，有超過一千四百萬人正在忍受單程超過一小時的極端通勤。我有一個上海的學員，他每天上班單程就要兩個半小時，長期坐車顛簸更導致坐骨出現問題，後來不得不換了工作。

除了漏水孔外，漏氣孔也很常見。精氣神中的氣和情緒分不開。正向、積極的情緒讓我們有良好的精神狀態應對工作和生活。心情好了，看誰都是對的。心情不好，同事、孩

子、老公、婆婆，看誰都不順眼，做什麼都沒耐心。但你有沒有想過是什麼影響了你的情緒？如果你記錄下情緒日記，就會發現我們的情緒波動多半來源於關係——親密關係、親子關係、同事關係、上下級關係。好的關係會讓你得到滋養。但如果這些關係讓你長期陷入負面情緒，就會透支我們的氣。

除了和他人的關係，和工作的關係也很重要。我們一天八小時都在工作，如果你無法在工作中獲得滿足感、成就感，甚至連安全感都沒有，這樣的工作對你來講就是消耗，不累才怪。反過來，如果一個人真心喜歡他的工作，那麼工作本身帶來的快樂就像是進補。正如「愛你所選、選你所愛」這句話所說的一樣。想一想，如果你和工作談了一場戀愛，那是怎樣的感覺？

所以說，精力管理不僅要看進口，還要看出口，找到哪些是特別耗能的事和人，撫順關係才能讓自己不漏氣。

三、精力管理不依靠自律和意志力，而依靠習慣

每年的新年，很多人都立志要早起、健身、減肥、讀書、冥想，但到了年底發現哪個也沒堅持下來。尤其是健身，年初辦的會員卡到了年中就變成了洗澡卡，再過兩天直接到期。

這太正常了。一個人的意志力並非取之不盡、用之不竭的，而是非常稀缺的資源。使用意志力需要調動大量的能量，長時間依賴意志力就像慢性壓力一樣，會削弱免疫能力。好的精力管理是把最核心的意志力用在你認為最重要的事情上，而不是事事都靠意志力來完成，最後無法完成還給自己貼上意志力薄弱的標籤。

你可能會想，那些成功人士怎麼能做到那麼自律，又工作又健身，還只睡四個小時？其實他們能做到這些，靠的不僅僅是意志力，還有習慣。人類行為中有95%都是自動反應或對某種需求、緊急情況的反射動作，只有5%是受自我意識支配的。無論是健康飲食還是鍛煉身體，在養成習慣之前，這些都需要消耗你的意志力。而一旦養成習慣，就變成了不做都覺得有點不對勁。

想要建立一個新的習慣，首先，要把自己置身在一個精心選擇的環境中，盡量讓這個環境中所有的因素都能促進你的改變。比如，如果你要減肥，就不要天天跟那些生活方式不健康的人在一起。一旦看到別人吃東西，你被激發了渴望，想要讓自己停下來會很難。又如，與其打開一包洋芋片然後跟自己說「我就吃一片」，不如克制自己乾脆不買。為了保護稀缺的意志力，索性不把自己暴露在容易引發壞習慣的環境中。

其次，你需要建立一個機制，讓身邊的人持續給你真實的回饋和正向的激勵。

我以前看人家請健身教練，覺得真是白花錢的，教練也沒做什麼，不就是你在做動作的時候，他在旁邊給你數著：「一、二、再來一個。加油！別躺下，起來，再來一個，不錯！」後來我做了高管教練才意識到，即便是這些意志力強大的成功人士，他們要發生改變也是很難的，甚至可以說越成功的人就越難。而作為教練，我的作用，就是帶著嚴厲的愛給他們真實的回饋，不斷給他們喊「加油，別躺下，再來一個！」

既然精力管理更重要的是看增量，那麼怎麼才能更高效地提升自己的精力再生能力呢？這就需要做到、養精、補氣、提神。

養精：快速提升體能

精氣神中，精是基礎，體能是生命力的核心，它也為我們管理情緒、保持專注提供原動力。體能不夠的時候，情緒就不佳，耐心也不夠，做什麼都難以保持專注。如果選擇追劇、打遊戲、買買買、吃吃吃作為恢復精力的手段，形式太單一，而且容易使人消耗過度，甚至導致焦慮增長。精力恢復的來源越豐富、越有內涵，再生的效果越好。

對我來說，深呼吸、睡眠、健身就是精力快充線，讓我在忙碌的工作生活中能夠「充電五分鐘，待機兩小時」。

深呼吸：呼吸是我們攝取能量的重要方式，就像飲食的品質影響你的營養水準，呼吸的品質也影響你的健康水準。你可能認為呼吸不就是喘氣嗎，誰不會啊？其實，呼吸是養生大法，你看中國的太極和印度的瑜伽，不都是從深呼吸開始的嗎？呼吸也是聯結外在世界和內在世界的橋樑，能統合你的身體和思緒。注意力不集中、沒精神、焦躁不安等，都是大腦在跟你喊累。想想看，從早上一睜眼，你的腦子就不停地想過去、想未來，「哎呀，明天要交的報告還沒開始，早知道昨天就不應該出去玩」，能不累嗎？

這種不在當下的狀態已經成為我們所有人長期以來的習慣。而正念的念字拆開看就是今天的心，透過正念將意識轉到當下，給大腦減除負面思緒與壓力。

睡眠：我一直是一個腦袋沾上枕頭就能睡著的人，而且不挑地方。創業之後，我才發現這一點已經可以算作我的核心競爭力。每個人對睡眠的需求不一樣，不用羨慕那些號稱只需要睡四五個小時的人。睡不好覺，早已經是一個社會性健康問題，中國睡眠研究會的二〇二一年統計資料顯示——超過三億中國人存在睡不好、睡不著、睡不夠等睡眠障礙，成年人失眠發生率高達四成。而堅持鍛煉，可以從某種程度上緩解睡眠問題。

健身：如果讓你列出一直想做但沒做或者沒堅持做的事情，我相信健身應該能排進前三名。也許你會說：「想，但沒時間。」其實任何事情，說自己沒時間就等於說它不重要，最起碼沒有比其他事情更重要。

健身於我的重要性在於，它增加了我對生活的掌控感，降低了我對衰老的恐懼感。在這個「顏值即正義」的時代，女性很難不陷入容貌焦慮。在朋友圈看到別人怎麼都那麼瘦、那麼美，反觀鏡子裡的自己又老又胖。慢慢地，你學會了美顏，而且不美顏絕不發圖。但是每次抱著手機欣賞半天美顏後的自己，再抬頭一看鏡子裡的自己，還是面色暗沉，那種欺騙感讓自己更焦慮了。

這種焦慮感在四十多歲會到達一個頂峰。在那之後就慢慢接受了，隨著年齡的增加，除了智慧是往上長的，其他都是往下走的。衰老是個不可逆但可控的過程，其中最可控的就是身材。在健身這件事上，我知道只要我能做到科學、持久投入，就一定能看到效果。它比生活中其他任何一件事帶來的回報都確定。所以我在三十多歲的時候就給自己立了一個目標——等我送兒子上大學的時候，從背影看，我們必須像同齡人。現在這個目標已經實現了。

我有很多學員說：「我沒辦法堅持健身，因為我意志力不夠。」但這個邏輯正好是反過來的，因為你沒有健身，所以意志力才不夠。在《輕鬆駕馭意志力：史丹佛大學最受歡迎的心理素質課》（*The Willpower Instinct*）一書中，作者凱莉．麥高尼格（Kelly McGonigal）說道：「健身對意志力的效果是立竿見影的。十五分鐘的跑步機就能降低巧克力對節食者、香菸對戒菸者的誘惑。」而且你只要開始健身，就會不自覺地吃得更健康，因為想到吃一個漢堡相當於揮汗如雨跑兩個小時，就不會那麼肆無忌憚地吃了。

在健身這件事上，大家的起點不同、愛好不同，你喜歡什麼、能做什麼，就做什麼，不一定去健身房才叫健身。我有一個學員每天坐公車上班，早下一站走到公司；還有一個HR客戶，每天騎車到公司，到了再換衣服；我做的運動比較雜，有氧和無氧都有，不出差的時候我會做瑜伽、拳擊、游泳、體操，出差的時候就做跳繩和高強度間歇性訓練這種對場地沒要求的運動。

無論選擇哪種運動開啟健身，你的目標應該是「開啟」，而不是一味追求「結果」。

並且，不要給自己立三個月內減肥十公斤這樣的KPI（關鍵績效指標）目標，這種目標只會讓你因為看不到希望半途而廢。你要為自己立一些跳一下就夠得到的OKR（目標與關鍵成果法）目標，比如每天走一萬步、跳繩一千下等。你可能在運動中有過「酸爽」的感覺，這是因為運動產生的愉悅感不僅僅在運動的當下能感受到，在運動之後還會讓你自我感覺良好。當你能從運動中獲得快樂時，哪怕是一點點快樂，也能得到正向激勵。

買一身好看的健身服裝也是一種正向激勵。為什麼人們經常健身十分鐘，自拍一小時？因為發社群可以獲得別人的讚美和鼓勵。加入健身打卡社群也是為自己找正向激勵的好辦法，當有人跟你一起慶祝你每一次小的成功時，就能形成正向迴圈。

我有一個北歐的學員，生了四個孩子，她的身材早就走樣了。身材走樣的不僅是她，她老公也變得大腹便便。她想利用健身減肥，但是她老公不愛動，任憑她怎麼說都沒用，兩個人經常為這個吵起來。後來在我的激勵下，她開始每天出去走路，走著走著她老公也加入了，兩個人一起帶著孩子走。再走著走著，她減了十公斤，她老公減的比她還多。所以，不要等著別人改變，你改變了，就能帶動身邊的人改變。你是你人生伴侶的成長環境，你們都有責任讓你們倆共同擁有的環境變得更健康。

補氣：在關係中獲得滋養

俗話說「不生氣就不生病」，生氣就像是一場大地震，氣在心情，傷在身體。尤其對女性來講，情緒波動大、喜怒無常、焦慮抑鬱容易誘發乳腺疾病，這些都是醫學研究已經證明的。

但是人為什麼會生氣呢？我們很少因為什麼事生氣，而是因為事情當中的人生氣，更常見的是生自己的氣。所以補氣離不開情緒管理，在下一章中我會細講情緒管理。此外，氣是存在於關係當中的。女性經常為情所困，職場關係、親密關係、親子關係、朋友關係等，任何關係出問題，都會讓人氣不順。在本部分的第三到五章，我會介紹一些方法，幫你建立以及保持健康的人際關係。

帶孩子的確挺累，如若每天河東獅吼，不心力交瘁才怪呢！但如果說孩子來到這世界上就是來折磨我們、消耗我們的，從人類進化的角度來講，也是不成立的。我們從親子關係中汲取的愛和滋養，應該比我們付出的要多，才符合進化的原則。

無論是親密關係、親子關係還是朋友關係，只要這個關係能夠讓你獲得滋養，就可以產生補氣的作用。在後面的章節中，我也會分享建立和保持健康的親密關係的一些秘訣。

提神：找到方向，才有想望

你發現沒有，生活中，那些精力充沛的人都有一個特點，就是活得都特別有期待。

我們經常說要找到自己的人生使命，什麼叫使命？就是你打算怎麼使你這條命。如果沒有一個相對清晰的長期方向和人生目標，自然每天都無精打采、得過且過。但現實生活中，很多人做的工作並不是自己喜歡的，或者也談不上喜不喜歡，因為不知道自己到底喜歡什麼，反正別人都在一路快跑，自己也跟著悶頭跑就是了。這種對未來方向的不清晰，覺得工作缺乏意義感是很多人精神內耗的主要來源。

就像我最沒有精氣神的時候，並不是讀博士那幾年，而是離開企業前的那幾年。既不想繼續做當下的工作，又不敢辭職，於是天天耗著。就這樣，我從一個每天想起上班就跟上了馬達一樣的人，變成想到要上班就覺得需要鼓起勇氣、彙集起全部的意志力才行的人。

在第六章，我們一起來看看如何找到自己的使命，以及工作的意義感。最後，我們來看看為什麼說知行合一才是最節能的活法！

02

重視情緒信號，看清你的眞實需要

做情緒的主人，而不是情緒的敵人！

——蘇珊．大衛（Susan David）

我有個高管客戶，是個女強人，在最初的幾次教練約談中，我感覺她就是個「鋼鐵直女」，有點擔心她不能開竅。沒想到，有一次說到孩子的話題，她竟然一下子哭了。我當時心中大喜，有戲！因為她是通的。

管理學大師彼得．聖吉（Peter Senge）在《第五項修煉》（*The Fifth Discipline*）中也提到，會哭是人與自身某種本質的東西相通的一種表現。通才能透，就好像你去醫院打點滴，如果血管都是堵著的，什麼藥都打不進去，這樣的人就很難改變。

哭，是一種情緒的宣洩。醫學研究指出，哭泣可以釋放催產素和內啡肽，這些化學物質有助於緩解身體和情緒上的痛苦。小時候我們都會哭，但長大以後我們學會把哭聲調成了靜音。尤其是在職場上，很多男性主管都有著「既不過分興奮，也不過分沮喪」的理性人設。而女性主管最怕的就是被貼上「情緒化」的標籤，於是經常刻意壓抑自己的情緒以免被別人詬病，不苟言笑的女強人就是這麼來的。

其實，情緒並非惡魔。人只要活著，就會有情緒和情緒的波動。你見過哪個活人的心電圖是一條直線的？情緒本身是一種身體的化學反應，這也決定了它不受意識的控制。**戒掉情緒既不可能，也不可取，但戒掉情緒化是必須的。**一個情緒化的老闆會讓下屬很痛苦，一雙情緒化的父母則會讓整個家庭都很痛苦。因為當一個人變得很情緒化，會隨時隨地、不分場合地把情緒掛在臉上。這讓下屬、孩子謹小慎微，惶惶不可終日，溝通的過程也變得不可控，結果更不可預期。

情緒沒有好壞，只有高低

情緒之所以被妖魔化，是因為很多人有一個誤解，認為「負面情緒」一定是負面的，要躲得越遠越好。其實情緒是一種能量，即使是負面情緒，也有它的能量。美國著名心理學家大衛．霍金斯（David R.Hawkins）提出過一個概念叫作「霍金斯能量級別」。他將各種情緒，從最負面、最傷身的情緒，到最正面、最滋潤的情緒，按照能量等級進行了一個排序。能量值從零到一千，兩百以下為負面情緒，兩百及以上為正面情緒。你會發現，即便是負面情緒，在這個排序裡也有一個能量值，只不過它的能量值非常低。自我膨脹，抵制成長導致憎恨，侵犯心靈上癮，貪婪妨礙個性的成長充滿對過去的懊悔、自責和悲痛世界看起來沒有希望……當長期處在那種低能量狀態時，我們的身體和工作、生活的狀態就會受到負向的影響。

與此同時，我們也要看到，每一種負面情緒背後，都有它正向的意義。比如，**「恐懼」**肯定是一種負面情緒，但如果你看到一隻老虎，恐懼會刺激你的腎上腺素，讓你趕緊逃跑，這就是能保命的能量；工作中，我們難免會遇到**「困難」**的事情，從而產生畏難情緒，這

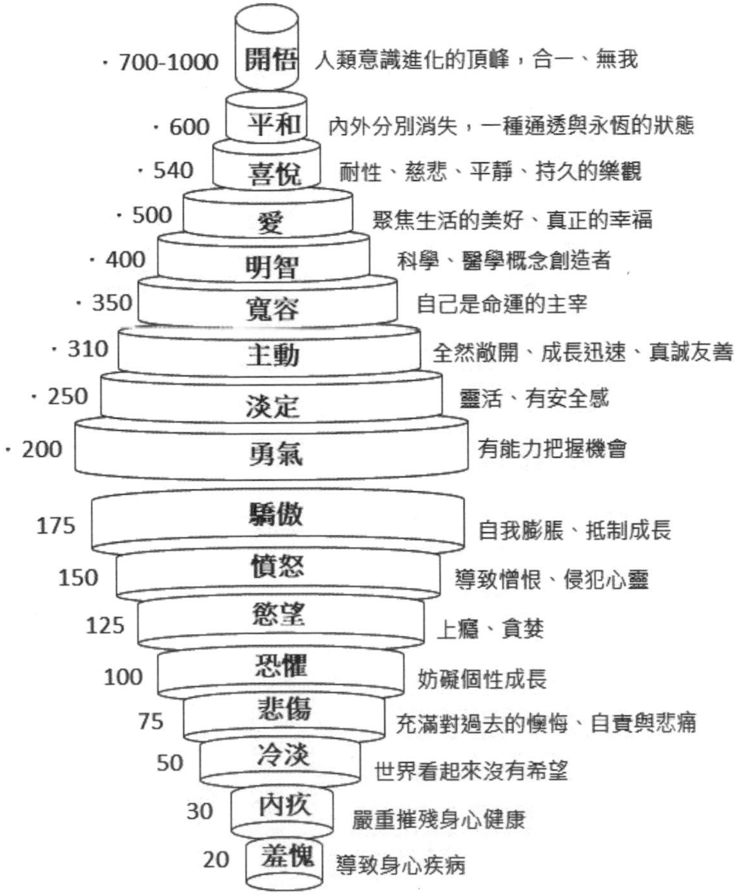
· 700-1000 開悟 人類意識進化的頂峰，合一、無我
· 600 平和 內外分別消失，一種通透與永恆的狀態
· 540 喜悅 耐性、慈悲、平靜、持久的樂觀
· 500 愛 聚焦生活的美好、真正的幸福
· 400 明智 科學、醫學概念創造者
· 350 寬容 自己是命運的主宰
· 310 主動 全然敞開、成長迅速、真誠友善
· 250 淡定 靈活、有安全感
· 200 勇氣 有能力把握機會
175 驕傲 自我膨脹、抵制成長
150 憤怒 導致憎恨、侵犯心靈
125 慾望 上癮、貪婪
100 恐懼 妨礙個性成長
75 悲傷 充滿對過去的懊悔、自責與悲痛
50 冷淡 世界看起來沒有希望
30 內疚 嚴重摧殘身心健康
20 羞愧 導致身心疾病

並不是壞事。因為這些困難不過是信號，它們在告訴你，也許你方法不對或方向有誤，提醒你要好好分析；「痛苦」可能讓你痛不欲生，但是如果你回想一下自己的每一次改變，無論是換工作還是換男友，正是因為痛苦到不能忍受，所以你才選擇了改變和突破；而如果你曾經經歷親人的離世，就能深刻體會到那種被「悲傷」淹沒的感覺。但正是這種感覺，才讓你更加珍惜現在擁有的一切，因為我們隨時會失去；還有，你是不是上臺演講之前會很緊張？那是因為你很重視這次演講，而「焦慮」就是想提醒你要好好準備，得再加把勁才行。

從這個角度來看，情緒可以是一種非常好的自我保護和自我激勵的資源。你可以把每一種負面情緒想像成擁有不同性格的渣男，經常惹你生氣、傷心、難過，但偶爾也會給你溫暖、幫助、支持、幸福。如果你能透過它的渣，看到它背後的好意，就不會總是逃避自己的負面情緒，而是學會接納了。

既然情緒沒有好壞之分，只有多少、高低的差異，那為什麼要強行把情緒這種能量壓下去呢？被壓下去的情緒，早晚會從其他管道爆發，而管理情緒，更像是讓這種能量朝著你期望的方向流動，並且在這個過程中讓自己從低能的狀態轉換成高能的狀態。不過，狀態轉換的前提是，你需要先識別自己當下的情緒。每當你感受到情緒的時候，學會和它靜靜地相處一下，感受一下那種情緒到底是什麼。**只有瞭解情緒，才能化解情緒。**

我們在做教練的時候，有一個方法就是讓客戶把手放在身上不舒服的地方，仔細感受那個讓他難受的感覺。通常情況下焦慮走腦，糾結走心。比如我焦慮的時候會覺得頭皮發緊，肩膀和脖子痠疼，而糾結的時候會感到胸發悶，好像喘不上氣來。每個人的身體感受都不一樣，你需要留意這些看似細微的差別，盡量找到一個最合適的詞來形容自己當下的情緒，不要泛泛地用「不開心」、「不舒服」來描述。

有一次，一個女學員來找我做教練，說她因為職業方向的選擇而糾結、焦慮。我讓她多說說到底是糾結還是焦慮，她很納悶地說：「這兩個不是一回事嗎？」糾結和焦慮就像是糖尿病和高血壓，都是現代人的常見病，而且總是前後腳成對出現，但它們是兩種不同的情緒。糾結是什麼呢？當你的目標不清晰，或者在多種選擇中不知道如何取捨的時候，通常會糾結。焦慮呢？是你知道目標，但不知道怎麼去實現，或者擔心自己無法實現目標。那又糾結又焦慮呢？就是既不知道自己想要什麼，又不知道怎麼實現自己想要的。

比如，畢業了以後不知道自己是該繼續往上讀還是該找工作就會糾結，決定想要找工作但不知道怎麼才能找到喜歡的工作就會焦慮。好不容易收到了好幾個 offer 又不知道自己要選哪個，就又變成了糾結。

當你能夠準確地判斷情緒時，就能更好地認識情緒背後的需求。

我心想：「之前是妳要求轉調的。的確，新的職位妳不適應、不喜歡，我們也因此發生了不少衝突和矛盾。但我的出發點一直都是希望妳變得更有本事，而且，妳完全可以跟我說再換回原來的職位，為什麼連問都沒問就選擇離開呢？」想到這兒，委屈的眼淚掉下來。但同時，我也意識到我是一個對他人期待很高的人。每個人都有自己的成長方式，也許她並不想要以這種方式成長。而我應該更包容不同的價值觀，而不是揠苗助長。

穿過「委屈」和「受傷」這道門，我沒有停下來，而是繼續往裡走，想看看還有什麼情緒隱藏在後面。這一次，我看到了由自我懷疑帶來的**「羞恥」**。作為一個領導力教練，我覺得自己就算不是最好的，也是很不錯的主管，是很多人心甘情願追隨的主管，怎麼能這樣被下屬拋棄呢？那一刻，羞恥感就像大浪一樣把我席捲了。我像是在一葉小舟上，努力讓自己不要翻。在這個掙扎的過程中，我看到了我對自己的期待——我必須是一個受人愛戴的主管。

但這是一個不現實的期待，況且就這一個員工不願意繼續追隨我，不代表我就是一個不值得追隨的領導者。這明顯是以偏概全，於是，我跟自己說：「好了，別想了，妳還是一個好主管，不過需要繼續修煉而已。」這時候，我感覺我好像已經走到了情緒這條路的最後，心裡敞亮了很多，不像一開始那麼堵得慌了。但是隱隱地，我還是覺得有最後那麼點情緒沒被看到。

躺在床上，我心想：「唉，當一個創業者真是太不易了，什麼都得顧著，妳想追業績，給團隊好的生活，人家還不稀罕！」想到這兒，眼淚又不爭氣地流了下來。這一次，我很清楚，這是一種「孤獨」的感覺，於是我在內心狠狠地抱了抱自己，告訴自己：「女人～妳真不容易，妳很棒！」

從生氣到委屈到羞恥再到孤獨，最後到接納，從對他人的憤怒和對自己的苛責，到放下怨氣，這一路探索下來，我看到的不僅僅是情緒，更是自己和他人。所以，你說宣洩情緒有什麼不對的嗎？沒有，就是有點浪費資源。有了情緒，如果你連琢磨都不琢磨一下，就好像快遞員千里迢迢給你送了個包裹，其實裡面是個禮物，但你連看都不看就扔了一樣，多浪費！

這個「拆包裹」的探索過程可能並不舒服，沒有大哭一場爽，也沒有給自己買個包解氣，而且還需要時間——情緒越強烈，化解的時間就越長。在這個例子裡，事實上我前前後後用了差不多兩周才消化掉。

一旦看到包裹裡的禮物，就可以讓情緒這個快遞員走了，你什麼時候見過有人包裹都打開了，還抱著快遞員死活不讓人家走的？而當這種情緒徹底走了，不但自己一身輕，也不會留下對他人的怨恨。

在這位同事的惜別宴上，我送了她一個禮物，是我在蘇州博物館買的一對耳環裡的一隻。這對耳環一只是個「不」字，送給她，希望她以後能學會更好地說「不」；另一只是個「聽」字，留給我自己，提醒我要多聽下屬的聲音。我和她至今保持著親密戰友的關係，畢竟我們是在創業初期一起打江山結下的情誼。

這個探索的過程雖然痛苦，但很值得，**當你對情緒越瞭解，就越能接得住情緒，而且能更快地從情緒中復原，對生活的掌控感也就越強**。而如果我們不把負面情緒及時化解掉，它就像帶刺的植物，你把它留在褲袋裡，別人看不出來，平時也不礙你事，但是一旦碰到什麼東西，它就會刺到你。你很疼，氣急敗壞地去罵那個碰到你的東西，在這個過程中，會消耗極大的精力，但問題根本與碰到你的東西無關，而在於你褲袋裡的刺。

掌控力練習

1. 你覺得你常常陷入的自我防禦模式是什麼？選擇一個自己最近經歷的帶給你負面情緒的事情，用「冰山模式」走一圈試試，看看那件事情帶給你的禮物是什麼。
2. 寫情緒覺察日記也是一個能夠幫助你增加對自己覺察的方法。具體的做法就是每天盤點自己的情緒和評判：

- 當天發生的哪件事情讓你產生了情緒？當時你腦海裡浮現出了什麼念頭或評判？
- 現在回想起來，你看到了自己什麼樣的意圖或者期待？
- 爲什麼會有這樣的意圖或期待？
- 用批判性思維來觀察，眞實的情況到底是什麼樣的？
- 在這件事情中，你覺察到自己是一個怎樣的人？都有哪些卓越的品質？
- 你還可以發展出來哪些品質？
- 你可以採取的行動是什麼？

經常練習寫這樣的覺察日記，可以幫你更好地在複雜的情境中創造覺察，有意識地調整自己的情緒和行爲。

03

如何處理人際關係中的衝突？

你所看到的每件事，
都是你內心世界的投射。

——克里斯多福・孟（Christopher Moon）

我以前有一個做業務的同事特別有才，人長得帥，衣品無可挑剔，但不知道為什麼總和他老闆處不好。一開始他抱怨老闆，我覺得肯定是他老闆有問題。後來他換了好幾個老闆，再後來又換了好幾個公司，結果每次見面還是同樣的主題：抱怨他的老闆有多糟糕。我就納悶了，怎麼全世界的壞老闆全讓他碰上了呢？

和老闆的關係不好只是職場小白的問題嗎？並不是。我的這個同事是個總監，我教練過很多高階主管，他們也有類似的問題。

有時候我會推薦《親密關係》這本書給我的客戶，他們很納悶：「我是和老闆的關係處不好，又不是和老婆的關係不好，為什麼要讓我研究親密關係？」因為領導力和影響力都不是什麼高深的學問，它們不過是研究關係的學問而已，跟親密關係有著類似的底層邏輯。**和老闆的關係映射著自己和權威的關係；和下屬的關係體現了自己和孩子的關係；和同事的關係反映了自己和朋友的關係。**學會處理職場人際關係，能夠讓我們更好地看清自己，也能幫我們在生活中更好地處理各種複雜的關係。

所有衝突都是為了讓你認清自己

在《親密關係》這本書裡，作者指出：「責怪、批評與指責是人類防禦機制的關鍵要素。責怪他人、批評他人行為、指責他人不願改變，其實是一種輕而易舉的手段，能夠簡單地利用道德批判，將自己提升到一個高於他人的位置，也使我們擺脫了自身的不安。」我的這個同事也是如此，不斷指責和批評老闆可以讓他擺脫不安，卻沒有讓他獲得成長。

仔細想想，在任何一種關係中都離不開責任。在親密關係中，如果你把你的伴侶當作你的愛與幸福的來源，認為對方要滿足你的期待，讓你開心是對方的責任，那你會很慘，

痛苦的人，在當下是看不到這份學習和成長的，如果沒有足夠的內省，問題也許會被掩蓋，但不會消失，痛苦也許會被時間沖淡，但傷害已變成了疤痕。下面分享一個案例，我們一起來看看可以怎麼做。

認清自己在衝突中的責任

我曾經教練過一個高管曉靜，看上去瘦瘦弱弱的，但性格霸道，一點都不像她的名字。她和幾個老闆的關係都很緊張，經常公開地在會上爆發衝突。我們的第一次化學反應就在她辦公室，這次相談的主要目的就是確認彼此是否能看對眼——她要判斷我是否能幫到她，我要判斷她在現階段是否具備改變的可能性。

簡單寒暄之後，我們就進入了正題。說到和她老闆的關係，她能意識到在這段緊張的關係中，她和老闆雙方都有責任。即便如此，她還是忍不住氣鼓鼓地反問我：「那為什麼妳不去教練他？」我看著她的眼睛，很平靜地說：「因為你們 HR 不是付錢來讓我教練他的，而是讓我來教練妳的。」我猜想也許是我當時那份溫柔的堅定讓她最終選擇了我，而我恰恰是因為看到她足夠痛苦且有自省能力，才判斷她是有可能改變的。

人只有在痛苦的時候，才會想要改變。當生活一帆風順的時候，誰會想要改變呢？這些問題和痛苦，經由充分的內省，才會變成一份禮物。作為教練，我的任務就是幫她發現這份禮物。其實，她痛苦，她老闆也不輕鬆。後來我訪談了她的兩位老闆，他們都抓著我訴說，停都停不下來。最後他們的 HR 跟我說：「高老師，妳就是我們的最後一根救命稻草啊！」我說：「我不是最後一根救命稻草，客戶本人的改變意願才是那根稻草！她要先為這段關係負責才行。」

當關係中出了問題，兩個人都有責任。關係中的兩個人也肯定都不舒服。這時候，那個更在意這份感覺的人要主動做出改變——並不是對方不需要改變，而是我們只能改變自己。而只有當客戶打心眼裡願意為這段關係負責時，我才會幫她。因為，教練不是來幫被教練者收拾這個爛攤子的，教練是賦能於她，讓她自己找到動力和方法來收拾的。

所以，儘管曉靜的老闆和 HR 都希望我趕緊給她傳授一些溝通技巧，但我一點也不著急這麼做。作為一個訓練有素的教練，我不能頭疼醫頭、腳疼醫腳。我知道要解決問題，必須先跳出問題的框架。我必須像一個老中醫一樣幫著客戶透過這些矛盾和衝突，去看到自己的內心世界，幫她打開這份禮物。

認清自己在關係中的角色

在後面的幾次相談中，我發現每當曉靜和她老闆發生衝突時，她就去找老闆的老闆，也就是大老闆傾訴。而她的大老闆一方面很賞識她的才能，因此總是出面幫她擺平問題，甚至還會越過她去直接干涉她的團隊，但另一方面又很煩惱總得幫她收拾爛攤子。

心理學上有一個著名的卡普曼戲劇三角理論，即人們總是在關係中不自覺地扮演著受害者（Victim）、拯救者（Rescuer）和迫害者（Persecutor）的角色。受害者通常感覺自己非常無助，無能也無力為自己負責，因此尋找拯救者來照顧他們；當拯救者沒有實現他們的期待時，他們可能感到失望，甚至可能去迫害拯救者；迫害者通常對自己的負面能量毫無覺察，完全沒有意識到自己的行為產生的破壞性結果。

有意思的是，拯救者經常會覺得自己也是受害者，但常常會被其他人看作迫害者。就像戲劇一樣，拿到這個角色的人就會出演這個角色的劇本，所有這些都是無意識行為。而教練要做的，就是讓這種無意識變成有意識。

曉靜在這段關係中扮演的就是受害者，迫害者是她的老闆，而拯救者是她的大老闆。每當她和老闆發生衝突時，她就去找大老闆傾訴，而她的大老闆也很願意承擔這個拯救者的角色，因為他享受那種力挽狂瀾的成就感。但同時，大老闆又覺得一天到晚幫她收拾爛攤子很煩，所以他覺得自己也是受害者。所以當曉靜看清了這個遊戲劇本時，就意識到要打破這個惡性循環，她必須採取為自己負責的態度，因為這個世界沒有誰能拯救誰，我們都只能自救。

接下來，她開始調整和老闆的溝通方式，盡量少找大老闆抱怨，並且明確地告訴大老闆，儘管她很感激他的幫助，但他的越級溝通也給自己帶來了一定的困擾，這讓大老闆也從拯救者的角色中走了出來。在這個過程中，她的老闆，也就是迫害者本身並沒有改變，還是以同樣的方式迫害著所有人，但是曉靜改變了，她選擇用更有效的方式來面對衝突，也讓這段關係真正開始步入正軌。

放下立場，解決問題

在一段有衝突的關係中，雙方都從自己的角度去看事情，並堅持自己是對的。但如果你能夠放下自己的立場，從對方的角度來看一看，那麼你就可以把兩人的意見綜合起來而兩個人之間的關係就是協力廠商視角，站在這個視角看到的是一個更大的圖景、更大的目標，這樣就能說服衝突中的雙方放下各自的立場，從這個更大的目標出發來解決問題。

這次練習讓曉靜感到很神奇，我就像個導演在說戲，她也完全代入了。結束的時候，她決定回去要好好地和老闆坐下來深度溝通一下。後來，他們之間的矛盾得到了非常有效的解決。

處於權力鬥爭中的雙方，其實內心都感受到了同樣的痛苦，但兩個人都避免去觸碰這份痛苦，所以沒有機會看到痛苦之下隱藏著的愛和善意。但我們本可以做出不一樣的選擇——對自己的痛苦負責，不怪罪對方，表達自己的痛苦，讓它浮上檯面。痛苦一旦浮上了檯面，兩人就可以選擇平靜地去體驗它，用信任來支持彼此，一起戰勝它。要做到這樣，最簡單的方式就是和對方溝通。

總之，**當我們在關係中感受到痛苦時，不要逃避，學會走進痛苦，直面它，痛苦就會轉變為一份禮物**。它會讓我們更瞭解自己，也更瞭解彼此。如果你不喜歡現在的狀態，就需要放下你自己堅持的立場，去尋求解決方案。一般情形下，對方也會跟著改變。如果你覺得對方沒有改變，往往是因為你並沒有真正放下自己的立場。如果你已經主動做出了改變，但對方執意不肯改變，那你可以選擇離開這段關係。只不過離開時的你，已經不再是原來的你，而是一個有所成長的你，因為你是帶著從這段關係中學到的功課走的，而不是一次又一次陷入同樣的問題，承受同樣的痛苦。

掌控力練習

回想一下，無論是在職場還是在生活中，你和他人發生的衝突，是不是背後多多少少都有權力鬥爭的影子？在衝突的背後，你眞正的訴求是什麼？你希望和對方建立一種什麼樣的關係？在這段關係中，你想承擔什麼責任？你希望他承擔什麼責任？你有沒有清晰地跟他表達過你對彼此的期待？你又做了什麼來充分瞭解對方的訴求？

最後一點最誇張。難道作為職業女性，我得天天盯著自己和老公的薪資單，一旦要逾越那四分之三的平衡點，就趕緊懸崖勒馬嗎？照這麼說，女性的職場天花板並不在職場，而在老公？這看似可笑的想法是有依據的。在另一個調查研究中，美國經濟學家發現，當妻子有更高的學歷和更好的事業發展前途的時候，她們更有可能不工作，因為她們擔心這樣可能會損害婚姻關係。

《當她掙的更多》（*When She Makes More*）這本書的作者法努許．托拉比（Farnoosh Torabi）指出，研究發現，女性賺得多並不代表家務活就會做得少，很多時候正好相反，因為女性通常會因為賺得多而感到內疚，反而補償性地多做家務以營造一副賢妻良母的樣子。

儘管我們的社會看起來越來越開放，男女之間越來越平等，也有越來越多男性支持自己另一半的事業，但很多時候，這份支持背後有一句潛臺詞——妳可以很成功，只要不比我更成功。說好的一起成長呢？為什麼大家都這麼在意女性賺錢比男性多呢？妳不在意，他在意；他不在意，他媽媽在意；他媽媽不在意，妳媽媽在意……大家都在意，卻集體保持沉默。

大環境我們很難改變，原生家庭也無法選擇，但我們可以決定自己的小環境。從某種程度上來說，選擇人生伴侶，就是在選擇自己未來的成長環境和職場天花板。

好的親密關係，只有一條衡量標準

我曾經問過我老公：「如果你擁有魔法，可以讓我改掉一個毛病，你會想要我改什麼？」他連想都沒想就說：「什麼也不改，妳要改了就不是妳了。」這就是我理想伴侶的模樣。他愛的是我現在的樣子，而不是他心目中我應該的樣子；他讓我覺得自己已經足夠好，值得擁有愛情，值得擁有成功；跟他在一起，我最舒服、自在，活得也酣暢淋漓。

所以，我一直鼓勵年輕女性，不要一時戀愛腦上頭選擇那些妳感覺好的男人，而是要選擇能讓妳感覺自己更好的男人。這並不代表妳就不會變得更好了，正相反，嫁給這樣的人，妳才會變得更好，不是因為妳想讓他更愛妳或者能配得上他，而是因為妳想要變得更好才配得上自己這一生。

每個人都在說要做一個更好的自己，但從來沒人告訴你，**只有認為自己足夠好的人，才會想要做更好的自己**，總是感覺我不夠好並不會激勵你變得更好。所以，**好的親密關係**

只有一條衡量標準，那就是——你們是否讓彼此變得更好了。

我在學校和大學生溝通的時候，經常跟台下的女同學說：「妳們可以不結婚，但是如果結婚就要意識到，妳嫁的不是老公，妳嫁的有可能是妳未來職業發展的天花板。」每次都有同學小心地問：「那怎麼才能知道他會不會成為我未來的天花板呢？」很簡單，察其言，觀其行，實在不行就問。當然，妳不能問：「嘿，你將來會不會是我的天花板啊？」也不要說：「嗯，如果有一天我比你成功怎麼辦？」因為成功不夠具象。要輕鬆且冷不丁地問他：「親愛的，如果有一天，我賺錢比你多怎麼辦？」「假設有一天我們都被公司要求參加一個重要會議，可家裡有孩子要照顧，怎麼辦？」「如果哪天公司要提拔我但是需要派我到另外一個城市去工作，怎麼辦？」看看他怎麼反應，是嗤之以鼻，還是置若罔聞？是仰天大笑，還是陷入沉思？他的反應說明了一切。

在決定正式進入婚姻之前，跟伴侶開誠佈公地就彼此對未來生活的規劃，比如在哪兒生活、要不要孩子、要幾個孩子等看似瑣碎的問題好好聊聊，盡量達成共識，這會為日後減少很多衝突的隱患。我在和我老公結婚前就非常認真地跟他說：「我以後可是要回國工作和生活的。」在那之前他從來沒有來過北京，但他還是答應了。有些男人信誓旦旦要帶你看無限風光，而有些男人卻給你無限選擇。**選擇才是人生最貴的奢侈品。**

走過三個階段，看清婚姻的真相

有一次和幾個閨密聚會，其中一個說：「天天看妳放閃，妳和妳老公好得簡直是too good to be true（好得也太假了）！」

社群是賣家秀，生活是買家秀。每段婚姻都有不為人知的甘苦，不過在熬過三個七年之癢之後，我逐漸意識到，其實我們要追求的並非一段完美的婚姻，而是兩個不完美的人在婚姻中變得更真實、更美好。在我看來，最好的修行不是在廟裡，而是在人間。婚姻，不過是兩個人彼此照見、共同修煉的地方。這場修煉至少要經歷三個階段——面對殘酷的真相、看到真實的自我、認清婚姻的實相。

第一階段：夢幻破滅，原來他是這樣的他

二十四歲那年，我去美國念MBA，開學典禮那天我走進黑壓壓的大禮堂，一進門就發現自己穿錯衣服了。所有的人都西裝革履，只有我穿著一身白色短袖連衣裙。沒辦法，只好硬著頭皮往裡走，索性走到第一排一屁股坐下。過了一會兒，一個男生走過來用英文問我：「有人坐在妳旁邊嗎？」我抬頭看了一眼，他長得還算端正。他伸出手笑著說：「我

的名字是Hubert。」他笑得真陽光，眼神特別乾淨。

畢業典禮的第二天，我們結婚了。那時候，我覺得他人長得帥，陽光又聰明，善良又可靠，然而結婚以後我卻慢慢地發現原來他竟然是這樣一個他！

《親密關係》中認為，剛認識的時候，你對他的瞭解僅僅是掠過水面，彼此熟悉之後就開始浸入水裡越潛越深，也就越能看透他的面具和外在形象而發現真正的他。然而，當你們都深潛入對方的領域時，就會發現真正的你和他也許並不怎麼迷人。首先是他懶得出奇。有一次我出差，匆匆出門之前把一雙鞋放在了樓梯上，等我回家以後驚訝地發現那雙鞋還在樓梯的同一個位置。十天來，他每天上下樓都要跨過這雙鞋，但就是懶得把它們收起來。

家務算是能力問題，還有價值觀問題。我算是很會過日子的人，但自從認識了Hubert，才知道一個人可以「摳門」到什麼程度。他去速食店買漢堡，會運用他那聰明的大腦迅速計算買什麼樣的套餐單價最低。你相信嗎？我的婚紗是花十美元在手工品店買了一塊白紗和一盒塑膠珠子，一點一點拿膠水黏上的！

這些都是小事，再說說人生觀。我是那種有著強烈競爭意識和危機感，追求效率，連看個電視都有著深深罪惡感的人。而Hubert則是一個非常佛系的人，說好聽了就是淡定，說不好聽了就是不思進取。反映在生活中就是兩人的步調不一致，在工作中就是方向不一致。

相信很多人結婚後都會有這種被騙的感覺：原來他是這樣的？《親密關係》中還有一段非常扎心的話，意思是我們開始一段親密關係的根本原因，是我們誤以為對方擁有我們所需要的東西。如果發現對方並不能給我們提供想要的東西，自然而然就失望了。然而，你真的知道自己到底要什麼嗎？還是在滿足父母和他人的期待？

第二階段：認清自我，原來我是這樣的我

我結婚的時候並不知道自己想要成為什麼樣的人，對婚姻意味著什麼更是模模糊糊的，覺得反正別人都結婚，我也得結婚。指望兩個年輕人在一開始就把這些問題想明白是不現實的。每一個關係瓶頸期其實都是兩個人自我探索的好時機，問問自己：「我究竟想要什麼樣的生活，想成為什麼樣的人？彼此還是同路人嗎？」

二十五歲剛結婚的時候，我也不知道自己要什麼。但是慢慢地我意識到，我才不願意做成功男人背後的女人，我更願意做聚光燈下的那個人，所以我需要的並不是一棵可以靠著的樹，而是一盞能照亮我的燈。我老公就是這樣的燈。他的無條件接納讓我有勇氣真實地面對自己，讓我看到有競爭意識、什麼都愛贏並不一定就是好事，很多時候也是缺乏安全感的一種表現——擔心不上進就考不上大學、不上進就會被社會淘汰。而他並不是沒有上進心，只是沒有我那麼多由恐懼驅動的上進心。

在親密關係中，每次衝突都是瞭解對方、瞭解自己的好機會。我慢慢意識到，在這段婚姻裡，我需要的不是一個更上進的人，而是一個能夠真正接納我的人——接納我的壞脾氣和我對上進的執著，支持我的人。

一個缺乏自我認知的人，無論在什麼關係裡都不可能幸福，情場、職場皆如此。

第三階段：原來婚姻是這樣的婚姻

看清了對方，也看明白了自己，那婚姻到底又是什麼呢？在我看來，愛情是創業點子，婚姻更像是創業公司，兩個人就是這家公司的合夥人。點子誰都能想出一二三個，公司要開得長遠並不容易。不可否認，對大多數普通家庭來講，婚姻首先是一個經濟共同體。每個入股的合夥人都需要帶資源進來。有的是技術入股，有的是資金入股。

婚姻，作為一段合夥關係，也是家庭成員的資源重組。所以，你得問問自己：「我拿什麼來入股？」拿姿色入股？抱歉，這個的投資價值是隨時間遞減的。拿感情入股？這個變數更大。只有彼此為雙方、為家庭創造的價值才是實打實的股份。

但怎麼衡量這個價值呢？生兒育女、為家庭操勞當然算，而且價值巨大，但這部分價值的估值由誰來決定呢？在社會沒有健全的法律制度來保護這部分價值的情況下，決定權就在伴侶手裡。伴侶買帳，認為它有價值，那你就有價值。但現實生活中，多少丈夫回家會衝著妻子這樣說：「我在外面忙了一天，妳看看妳！連收拾屋子這麼簡單的事都做不好！妳都在忙什麼啊！」「我每天好辛苦啊，賺錢養著這個家，多不容易！」「妳每天在家收拾一下屋子、帶帶孩子，可真輕鬆啊！」

當你自己沒有足夠強大的能力，社會也沒有完善的法律及社會體系去保障時，你唯一依靠的就是雙方在彼此分工上達成的共識，還有你丈夫的良心。

二十歲前，如果你覺得那個另一半只要愛你，就會一輩子甘願賺錢給你花，那叫「天真爛漫」；二十歲後，如果你還這麼以為，那叫「挑戰人性」。我沒有勇氣挑戰人性，所以選擇多挑戰挑戰自己，多長點本事。我希望你也如此。就算是因為生育、家庭選擇離開職場，也只是意味著你離開了職場這個學習的場景，不代表就應該放棄成長。

因為婚姻本身就是一個成長共同體，包括內在精神上的成長和外在技能上的成長。兩個合夥人無論背景多麼接近，起點和成長步調也不可能完全一致，所以勢必會陷入一方比另一方領先的狀態。這就有可能出現矛盾。就好比兩人說好了一起去爬山，結果一個人老是走在後面，另一個人可能就不幹了，這時候，就得確認一下，你們倆想要爬的還是一個山頭嗎？如果你想爬珠穆朗瑪峰，他想爬香山，那還是趁早分道揚鑣吧。如果確認想要爬的是一個山頭，那誰爬得快點慢點又有什麼可爭的呢？你是把誰最快到山頂作為人生目標，還是把登山的過程本身當作目標呢？

當然，除了一起成長，婚姻還需要相互陪伴。再忙也抽時間一起看個電影、吃頓飯，享受生活中瑣碎的幸福。人生就是由無數的第一次和最後一次組成的，第一次買房的興奮、第一次為人父母的緊張、最後一次送孩子上學的失落……等。所謂夫妻，就是和你一起分享這些時刻的人。

在看清彼此的真相、認清婚姻的實相之後，依舊愛得甜甜膩膩、依然活得熱氣騰騰。這大概就是我走過二十五年婚姻的秘訣吧。當然，想要讓這個創業公司活下來，活得好，還要有一些共同信守的原則。

在婚姻裡成就彼此的四個原則

一、相信平等，看到並尊重彼此的付出

我在美國MBA畢業的時候，是先找到工作才畢業結婚。對我來講這個順序很重要，

因為它證明我不一定要靠嫁給 Hubert 才能拿到綠卡和找到工作。這讓我們的婚姻從一開始就奠定了平等互利的基礎，也才有可能實現後面的合作共贏。而如果任何一方覺得自己是下嫁或者高攀，都會為日後的矛盾埋下伏筆。

在西方的婚禮上，神父會問在場的嘉賓：「如果任何人，有任何理由反對這樁婚姻，請現在說出來。」這並不僅僅是一種形式，結婚前那些看似微不足道可以忽略的裂痕，隨著時間的拉扯和歲月的動盪會越來越被放大。**只有彼此勢均力敵，才能夠在動盪的關係中相互制衡而不是某一方一再退讓。**這種勢均力敵和家世背景、誰賺得多無關，是心理關係上的勢均力敵。說到底，就是你是否自信，你是否相信你們彼此之間的關係是平等的。這種平等其實是一種感覺，和事實無關。

蓋茲基金會的梅琳達曾經也是一個自帶光環的學霸，婚後她回歸家庭，成了一個媽媽和一個繁忙的男人的妻子。全心在家照顧孩子的梅琳達，漸漸意識到自己的生活完全被各種家務佔據，自己正在與外界脫軌。在她的書《提升的時刻》（*The Moment of Lift: How Empowering Women Changes the World*）中，梅琳達說她搬進了一座巨大的豪宅，但她擔心別人會看不起她，因為這個豪宅並不是她的。她想要努力追趕上丈夫，讓他們的關係保持平等。

不平等關係的一大標誌，就是一方包攬所有重要、有趣的工作，強迫另一方承擔那些沒有技術含量的瑣事。於是她打算嘗試改變現狀，然而每次和丈夫一塊出席宴會，只聽比爾說得頭頭是道，幾乎沒有自己說話的機會，而且常被丈夫打斷。梅琳達不甘心一直做沉默的女人。她告訴比爾：「你不能打斷我，或者你覺得我說錯了什麼，不要糾正我，因為所有人都自然地認為你是這個世界上最聰明的人。」

後來，比爾將由自己一人命名的慈善基金會改名為「比爾及梅琳達·蓋茲基金會」，即使後來離婚，兩個人也繼續作為平等的合作夥伴共同經營基金會。

在婚姻中，無論兩個人在外面的金錢、能力、地位上的差距如何，在家裡要有一個平等的基礎，才能看到並尊重彼此的付出。

二、相信溝通，學會表達

我和Hubert在寫《故事力》的時候，鑒於我已經寫過一本書，我好心好意地跟他說：「這次把你放主角！」他很不爽地說：「什麼叫把我放主角啊？本來就是我的創意啊！」意識到自己說錯了話，我趕緊往回找補。他悠悠地甩給我一句：「我就是不喜歡妳有時候說話盛氣凌人的樣子。」

這麼多年，我們的每一個小問題都在每一次吵架中得到了表達和宣洩，也在每一次回饋和反思後做出了微調，所以我們倆雖然也吵架，但吵不出來大問題。**改變對誰來講都是很難的，但微調就相對容易了**。而很多夫妻習慣把自己的不滿放在心裡醞釀、發酵，埋著埋著，心裡就變成了垃圾場，一旦爆發就變得不可收拾。

相信溝通，學會表達自己想要的和不想要的。

三、給彼此空間，距離產生美

經常有人問我：「高琳老師，怎麼才能改變對方？」這句話的潛臺詞是，如果他是這樣一個他，難道就這麼接受了嗎？不甘心怎麼辦？就好像我以前也總是喜歡建議 Hubert 去上這課那課，期望他能和我一樣上進。結果可想而知。

通往地獄之路，是用期望鋪成的。學習教練以後，我終於明白為什麼試圖改變對方很少有效，因為你的期望讓對方感到他是錯的，是有問題的，所以你才想要改變他。而**真正的改變一定是由內而發的**。這就需要給對方足夠的空間和時間去探索自我。有了這個空間和時間才能讓雙方有機會自我探索，各自成為更好的自己，做到加起來百分百。

有段時間我明顯地感覺到Hubert不開心，在很多次活動上，他要麼說話不陰不陽的，要麼就自己坐在一個角落鬱鬱寡歡。我知道他為什麼不開心，但我不再像以前那樣想要撲上去給他各種建議，試圖幫他解決問題。我報了一個為期十天的教練大師課，然後告訴他，如果他想去，他可以去，他不想去，我去，不強求。他半推半就地去了，結果喜歡得不得了，從那兒回來之後，他更明確自己的方向，也更有信心了。

所以你看，給對方空間才能為改變創造空間。就好像兩個人在一個狹小的空間，如果你總是氣噗噗地占著很大的地方，把對方擠到牆角，他連喘息和思考的空間都沒有，又何談改變呢？

婚姻，是兩個人能量上的一種連接。你身邊的夫妻關係好不好，你跟他們在一起五分鐘就能感受到。這種能量上的連接並不是綁得越緊，關係就越緊密。有的時候收得越緊，能量流失得反而越快。而越是鬆一點、越是不經意，越能讓能量有流動的空間。我和 Hubert 每天白天在一起工作，晚上回家還要在一起，看起來好像天天膩在一起，但其實我們各有各的朋友圈，各有各的消遣。他每週三雷打不動地去參加他的頭馬演講俱樂部，每天晚上和兒子打我看不懂的電子遊戲。

我喜歡那種在一起的溫暖，但更珍惜彼此的距離。**有空間，才有探索；有探索，才有改變。**他在他的世界裡做他的英雄，我在我的世界裡做我的女神。分開各有各的精彩，合在一起才能天下無雙。

四、愛自己，你好了，別人才會好

說了這麼多，還沒提愛情兩個字。很多人認為愛情是比喜歡更高級、更濃烈的一種情感，我年輕的時候也是如此認為的，但我現在覺得喜歡對方是一種更樸素、更真實的情感。

二十七歲，我們兩個窮學生剛畢業兩年，貸款買了第一棟房子。沒錢裝修，就去宜家買來地板自己裝。我就是喜歡看他那副生無可戀還要忙活的樣子；三十二歲，有一天我跟他說：「我想回北京工作兩年。」他心想反正就兩年，於是很爽快地答應了，卻不知道「兩」在北京話裡是個虛詞，這一回就是十八年。我就是喜歡他那傻乎乎和不算計，我說什麼就是什麼的勁；四十七歲，他出差的時候興奮地發短訊給我說酒店的馬桶坐墊是熱的，他在上面坐了十分鐘。我就是喜歡他那份和年齡不符的簡單和容易滿足。

我經常會盯著他想，當大多數人都必須在好看的皮囊和有趣的靈魂之間二選一的時候，我可以不用做這樣的選擇，多幸運！跟愛情相比，兩口子之間如果能一輩子喜歡對方就已經很了不起。

胡因夢在一次採訪中講到，我們所執著的愛情，其實不一定有愛的成分。我深以為然，與其相信愛情，不如相信愛。愛情是佔有，愛是包容；愛情是任性，愛是克制。愛是每天早上他給我做的咖啡；愛是吵完架我先伸出手來示好；愛是開車走錯了路彼此不埋怨；愛是兒子出車禍時，電話那頭他鎮靜的聲音……。

其實，我們所執著的愛情，不過是一場自戀。但與其透過對方的眼神看到自己的價值，不如告訴自己你很值得擁有愛；與其期待著那並不永恆的恩寵，不如愛自己每一天。我始終認為人這一生，無論是否走進婚姻，歸根到底還是自己和自己的旅程，沒別人的事。而且，我認為愛情是愛情，婚姻是婚姻。婚姻並不適合所有人。**只有不結婚自己也可以過得很好的人，才適合走進婚姻。**因為他們既能從伴侶那兒得到滋養，又有能力滋養自己。

所有的親密關係、親子關係不過都是自己和自己的關係的一種體現而已。伴侶也好，孩子也好，都是來陪你一起修行的。婚姻，不過就是我們修行的道場。當你已經努力了，也試圖改變了自己能改變的之後，發現這段關係已經不再能讓你獲得成長，反而是一種消耗，甚至不斷地受到傷害，那就選擇離開好了。只不過在這個過程中，**你所有的選擇都要基於愛自己的原則。**

就像梅琳達在她的書中引用的一句話：「被不愛我們的人瞭解令人不寒而慄。被不瞭解我們的人愛無法帶來改變。但被人深刻地瞭解與熱愛，能讓我們脫胎換骨。」也許她最終選擇離開，是為了在餘生追求這種脫胎換骨般的成長，我讚歎這份重新開始的勇氣。這不也是在打破職場天花板嗎？

掌控力練習

你最理想的親密關係是什麼樣的？那樣的親密關係會給你的工作和生活帶來什麼？爲此，你願意做出怎樣的改變？

05

用教練式思維，建立有鬆弛感的親子關係

你是弓，
兒女是從你那裡射出的箭。

——紀伯倫（Khalil Gibran）

我做高管教練這麼多年有一個發現：那些無論換多少份工作，總是搞不好和老闆關係的人，通常都是和父母關係沒撫順的人。我曾經有一個客戶，她非常能幹，年紀輕輕，剛從國外碩士畢業回來就在一家FMCG公司（即Fast Moving Consumer Goods的縮寫，指的是「快速消費品」）做副總經理。但她覺得總經理是個「謊話精」，對她當面一套背後又一套，為此她非常苦惱、憤怒。

有一次，她在跟我的教練過程中說到了她父親，我發現她同樣用了「謊話精」這個詞，

就很好奇地問她為什麼這麼說。這下她才意識到她父親，以及他們的父女關係是如何投射在她和總經理的關係上的。

我經常覺得，作為教練，我們做的事就是「拔釘子」，把深植在客戶腦中的限制性信念拔出來，而這些釘子有相當一部分來自父母——包括他們曾經對孩子做過的事、說過的話和植入的觀念。父母做得越多、說得越多、管得越多，孩子身上的釘子就越多。但換到父母的立場，難道就什麼都不管嗎？當然不可能，也不應該，只不過需要有所為、有所不為，而這是為人父母最難的，也是最需要智慧的。

那到底什麼地方該為、什麼地方不該為？為什麼很多家長在教育孩子上都為錯了地方呢？我認為這多少和我們的教育系統分不開。

面向未來做減法

現代教育系統起源於二十世紀工業社會，工業社會的管理者認為：**績效＝知識＋技能**。按照這個說法，學到的知識越多，掌握的技能越多，就越成功。但是今天為什麼那麼多大學生進了大學卻成了沒有激情的空心人？為什麼我們培養了那麼多學霸，最後他們卻成了精緻的利己主義者?為什麼我們學了那麼多卻還是過不好這一生?因為我們早已經進入了烏卡(VUCA)時代,也就是波動性(Volatile)、不確定性(Uncertain)、複雜性(Complex)和模糊性(Ambiguous)的時代。我們的孩子根本沒辦法拿過去的知識應對未來的挑戰,他們必須成為終身學習者,才能在未來進入職場之後,當面臨複雜問題和形形色色的人的時候,能夠見招拆招。而這對一個人的學習能力、解決問題能力、獨立思考和表達能力的要求越來越高。

所以今天越來越多的企業管理者相信:績效=潛力-干擾。這背後有幾個教練的基本原理:

一、每個人都是有潛力的,也都是富有資源的。

二、每個人在當下都是他能做到的最好的。

三、每個人都願意成為更好的自己。

想想看,沒有一個員工每天來上班想的就是「我倒想看看怎麼才能做一個比昨天更爛的自己」,也沒有一個孩子明知自己可以做得更好就偏偏不做好。他們要麼還沒有找到方法,要麼沒有勇氣做出改變,還要面對各種心魔的干擾。我們自己又何嘗不是如此?一個教練式主管懂得如何激發員工的潛力,幫助他們排除干擾,從而實現積極正向的改變,最終提升績效。一個教練式父母也一樣，只不過很多父母認為送孩子去各種興趣班就算是開發孩子的潛力了，省吃儉用送孩子出國就算是見世面了，卻沒有意識到潛力到底是從哪兒來的，而真正見過世面的孩子又是怎樣的，結果一不小心把自己活成了孩子最大的干擾。

接受他的普通，相信他不平庸

有一項調查顯示，90%的父母都認為自己孩子的長相高於平均值。這在心理學上被稱為「積極幻想」（Positive Illusions）。的確，初為人母的女性都有一種幻覺，覺得自己家孩子跟別人家的都不一樣。雖然自己很普通，但是孩子一定有個不一樣的人生，所以，拚命地送孩子去各種才藝班，生怕他們的天賦異稟被自己耽誤了。

我也不能免俗。但隨著孩子一天天長大，我發現兒子越來越像我了，無論是身高、體重，還是智商、性格，甚至走路的樣子都驚人地像。即便這樣，我還是篤定地相信，我的孩子不一般。他還小，現在還看不出來，說不定以後就慢慢看出來他的不一般了。結果呢？鋼琴放棄了，游泳也沒堅持，等他到了十五歲，我才終於開始接受，他就是一個平凡的孩子，並沒有什麼過人的天賦。

有一次，我參加一位腦神經科學家洪蘭教授關於潛力開發的課程，在課上我問老師：「為什麼我兒子還不開竅？」老師反問：「妳大概是什麼時候開竅的？」我愣了一下，說：「大概十八歲吧！」老師說：「那妳兒子也差不多是這時候。」

我的天，那種感覺就像上次買彩券沒中，這次又買了一張，還沒中！我的沮喪和懊悔自然而然地演變成對兒子的嘮叨，這讓他很煩。有一次，他在一個夏令營的結業演講中講道：「我想跟在座的父母說：『你的孩子並不是你的勳章，不要總把自己的期望放在他們身上。』」等他從臺上下來，一個美國媽媽走過來拍著他的肩膀說：「你講得很好，但是相信我，等你有了孩子就會理解，孩子就是你的勳章！」

看來天下父母都一樣，什麼恐龍家長、天使家長都一樣！我們總是自然而然地把孩子的成就和自己的成就畫上等號——孩子好，我就是個好媽媽；孩子不好，我就是個失敗的媽媽。

但問題是什麼叫「好」呢？做了這麼多年的父母和教練，我現在認為，在今天的社會，一個孩子能夠長成一個身體健康、心理健康的成年人而非巨嬰，我們作為父母就已經及格了。矽谷知名公司網飛（Netflix）以超高薪著稱，他們的企業文化第一準則就是——我們只招成年人，「因為只有成年人才會為自己負責。」而什麼是成年人？中國關係領域研究者、《輕有力》作者韓慶峰（Leo叔叔）認為，我們最不缺的是拿著高學歷的巨嬰，最缺的是有一技之長的成年人。成年人要具備這四個特點：有獨立思考能力、能做出自主選擇、為自己選擇責任、顧及他人的感受

作為父母，不要總是惦記著望子成龍，能望子成人就已經很好了。如果連「成人」都做不到，那「成龍」的意義又是什麼呢？天才當然有，但絕大部分孩子都是平凡但富有潛力的普通人。平凡不意味著平庸，我們的任務就是激發孩子的潛能，讓他活出屬於自己的燦爛。

怎麼做呢？鼓勵孩子參加各種才藝班，幫他從不同管道去探索自己的興趣愛好當然是好的。但是當你把他安排得像流水線上的工人，從一項任務到另一項任務，不斷地打亂孩子的節奏，這就構成了干擾。再想想我們是怎麼成為成年人的，無一例外不是從失敗和痛苦中獲得的。就如華爾街基金大佬瑞．達利歐（Ray Dalio）在《原則》（*Principles: Life and Work*）中講到的：痛苦＋反思＝進步。只不過，作為父母，你捨得讓孩子受苦嗎？當他失敗的時候，他是否有一個安全的空間可以反思？

如果可以讓你的孩子永遠不遭受痛苦，你願意嗎？

「如果可以讓你的孩子智商提高一些，你願意嗎？」這是我兒子九年級的時候，我和他參加一位哈佛倫理學教授在北京的講座時教授提出來的問題。那天台下都是在乎孩子學習與成長的媽媽，臺上則是被選上來參加辯論的幾位學生。我毫不猶豫地舉起了手。嘿！如果能讓我那學渣兒子的數學成績提升幾分，光是想想都開心。「如果可以讓你的孩子永遠不遭受痛苦，你願意嗎？」又高又帥的教授不動聲色地接著問。我環顧了一下四周，發現這次只有遠處一位媽媽舉起了手。我兒子倒是在臺上高高地舉起了手發言。他站起來振振有詞：「如果你的孩子從小沒有遭受過痛苦，不知道怎麼處理失敗，那等他長大工作了，有一天如果被老闆炒魷魚，難道要哭著跑回家找媽媽嗎？」

我兒子那時候十四歲，就已經清楚地知道什麼是痛苦了。八年級的時候，他喜歡上了同班的女生，可惜人家不喜歡他。竇情初開的小孩不知道怎麼處理拒絕，他賊心不死，死皮賴臉地跟人家表白，結果女生把他告到了學校。輔導員給他做了心理輔導，還下了限制令，不許他再和那個女生接觸。這自然讓他難以接受，於是各種折騰，搞得雞飛狗跳。

那段時間，他幾乎天天在上課時間被輔導室老師叫出去，還被勒令去看心理醫生，而我和他爸則三天兩頭被叫到辦公室喝茶。說來奇怪，我雖然覺得擔心、鬧心又煩心，卻並不是很緊張，因為我以前也經歷過所謂「早戀」，也被老師叫到辦公室訓過。

哪個少年沒有煩惱？正如暢銷書《恆毅力：人生成功的究極能力》裡講到的，孩子的價值感是在克服困難的過程中建立的。雖然那天舉手說想讓孩子永遠免受痛苦的就只有一位媽媽，但我相信，做父母的沒誰想讓孩子承受痛苦，都想讓他們健健康康、安安全全的。但是安全和安全感是兩個概念，**真正的安全感並不來自絕對的安全，而是來自在困難的環境中找到自己內心力量**。在教練術語裡，我們也稱為一個人的「核心穩定性」。

孩子小的時候，這種核心穩定性來源於父母。很多研究都說明，良好的父母關係會給孩子帶來安全感。孩子雖小但不傻，他們能敏感地感受到父母之間的關係緊張，他們不明白為什麼，因此會覺得這是自己的錯。等孩子再大一點，作為父母，無論我們再怎麼努力也無法避免孩子會失敗、受挫，我們唯一能做的就是讓他知道家永遠是最安全的地方，爸爸媽媽永遠是最值得信任的人。在他失敗受傷之後，張開懷抱把他緊緊抱住，告訴他一切都會好起來的。只有這樣，孩子才能找到再次投入這個世界的勇氣，並且逐漸建立他自己的核心穩定性，成為內心強大的人。

這就是為什麼我們作為父母必須自我成長，因為**孩子是照片，家長才是底片。我們要先成為內心強大的人，才能養育出內心強大的孩子**。紀伯倫的詩中講到，父母是弓，孩子是我們射出的箭。我們要先穩得住，才能讓射出去的箭飛得高、飛得遠、不偏離方向。

回到哈佛教授提出的那個問題。在我兒子發言之後，旁邊一個看起來只有九歲的小男孩站起來慢悠悠地說：「人性是複雜的，社會是複雜的，因此我們需要經歷痛苦才行。」坐在下面的我，環顧了一下身邊的媽媽們，心想：怪不得說每一個孩子心裡都住著一個智者，也許真正需要提高智慧的是家長。

如何才能不成為孩子的干擾？

很多家長都希望自己的孩子乖一點，但我發現那些小時候很乖的孩子，長大以後心理問題反而會比較多。因為他們的乖，不過是取悅成年人而忽略真實自我的乖；他們會把滿足他人，尤其是父母的願望作為影響自己行動的第一順位因素，並把獲得他人的同意、壓抑自我的需求作為生活的主導。

經常誇一個孩子乖，不是一種誇獎，而是一種馴化。而這種乖，會嚴重影響一個人在成人之後和權威之間的關係。因為在職場上，老闆就是權威的代表。**孩子如何與權威相處，會影響他一生**。所以，作為家長，我們不要為了圖自己省心而強迫孩子成為一個言聽計從、沒有自己想法的乖孩子，而是要讓孩子從小學會表達自己。他們說的不一定都對，但只有讓他們覺得自己的聲音值得被聽見，他們長大後才會更加有主見，知道如何維護自己的權益和邊界。

但也有很多處於青春期的孩子的家長會跟我抱怨：「問題是我孩子什麼都不跟我說啊！」那麼，為什麼孩子小時候很黏父母，但長大了以後寧願和朋友傾訴也不願意跟父母溝通，甚至都不喜歡和父母在一起？因為你把自己在關係中的位置擺錯了。

在孩子很小的時候，家是天底下最安全的地方，爸爸媽媽是最好的陪伴者，我們就像守護神一樣為孩子提供全面的守護。孩子四歲以前，父母就是他心目中無所不能的神。

等他大一點，爸爸媽媽就讓位給了朋友，朋友才是最好的陪伴者。這時候，我們也需要慢慢從神的位置上下來，變成一個領路人，幫助孩子建立好的學習、生活習慣和價值觀；等孩子再大一點，我們就需要再往後退一步，變成陪伴他左右的教練，給一些技術指導，偶爾陪練，但更關鍵的是關心和鼓勵；等孩子成人了，我們就應該退到他的身後，變成他堅強的後盾。如果這時候孩子還願意把你當作朋友，找你傾訴，那證明你們的親子關係經營得真不錯。舉個例子，通常上了大學的男生很少會主動給父母打電話，除非缺錢了。但我兒子經常會打電話給他遠隔重洋的爸爸。

要知道，父母這份工作是有保存期限的，等孩子到了青春期，想讓他聽進父母的話比登天還難。如果我們能盡量延長這份保存期限，就意味著我們對孩子的影響繼續有效，而一旦這個溝通的通路阻塞甚至斷掉了，那無論你跟他說什麼，就都等於廢話了。

怎麼才能保持和孩子的溝通通路不斷呢？有幾個教練式溝通的原則分享給你：

一、多傾聽，少評判

為什麼作為父母，我們和孩子那麼親近，有時候卻又覺得那麼疏遠？人與人之間的聯結來自什麼？我很喜歡《脆弱的力量》一書中給出的解釋。聯結來自：當人們覺得自己被關注、傾聽和重視時；當人們的付出與收穫沒有受到任何評判時；當人們從關係中獲得支持和力量時。

換句話說，就是當孩子舉著他做的手工跑過來給你欣賞時，無論在你看來多麼普通時，你都能找到亮點稱讚他，或者最起碼認可他的努力，聯結就產生了；當孩子考壞了哭喪著臉回來，無論你有多失望，都還能先給孩子一個擁抱，讓他感受到你的支持，聯結就產生了；當孩子有一個在你看來根本不可能實現的主意，但你還是平心靜氣地聽他眉飛色舞地說他的主意有多好，聯結就產生了。

問題在於，作為父母，我們在生活中積累了那麼多經驗，對人對事早就有了自己的判斷，不帶評論地跟孩子相處真的很難。怎麼辦？我有一個小竅門。想像一下你的評論就像是你穿在腳上的鞋。你到別人家做客，需要把鞋子脫下來放在門外，但鞋子還是你的，你走的時候還可以再穿上。

我們在跟別人溝通的時候，就是走進別人家的心房，如果別人沒有邀請你穿著鞋進來，你就要把你的評論先留在外面。否則你穿著鞋到處亂踩，那就是在踐踏別人的領地。孩子的內心是屬於他的領地，如果父母每次都二話不說闖進去，時間長了，哪個孩子還會讓你再進去呢？這樣你們的聯結就斷了。

二、多做好吃的，少說沒用的

父母經常會把對子女的關心變成擔心，如果想讓孩子多跟你溝通，就多做好吃的，少說沒用的。如果一定要說，就晚半拍再說。

我兒子剛上大學，我就開始惦記著他在哪兒讀研究所、學什麼了。我知道自己愛計畫的老毛病又犯了，我老公也說，人家才上大一，你能不能讓他先適應一下。於是我一直忍著沒說。有一天吃飯的時候，說到什麼事，兒子突然提起：「我以後還要上研究所呢！」

我當時就想，這不還好我沒先說，讓子彈飛一會兒是對的。因為無論什麼事，只要媽媽爸爸一說，那就成了家長的主意，而他說的，才是他自己的主意。**你剝奪他思考自己人生的機會，他就不會對自己的人生負責。**

三、多問問題，少給答案

都說猶太父母特別會教育孩子，但你知道這背後的秘訣嗎？那就是猶太父母特別善於提問，他們會把每天晚飯餐桌上的時間用來和孩子一起討論問題。不是「考試怎麼樣」這種訊問式問題，而是能激發孩子思考的探詢式問題。前者是為了獲得更多資訊，後者是為了創造洞察，從而幫助對方梳理清他自己的思路。問對問題，才會有好答案。

我的一個親戚聽說我兒子學哲學，擔心地問他：「你這專業，畢業能找到什麼工作？」我兒子一聽很不高興。我老公的一個美國朋友同樣聽說我兒子學哲學，就問他：「啊，太棒了！畢業後你打算如何用這個專業找到令你滿意的工作？」我兒子聽了以後陷入了深思。接著，我老公的朋友分享了他自己也是學哲學的，後來工作以後做了什麼。兒子聽完得出的結論是——他在專業之外還需要一個能吃飯的技能。

其實，這也是我那個親戚想要表達的，但他的問題提得非但不討喜，而且完全不能啟發到對方。

那麼不好的問題和好問題的區別在哪裡呢？我整理了一個表格，希望能幫到你。

不好的問題	舉例	好問題	舉例
封閉性的	作業做完了沒？	開放式	今天的作業感覺如何？
關注事	你考這個成績排第幾名？	關注人	看到這個成績，你有什麼感覺？
代替他思考	你是不是應該對自己要求高一點？	引發對方思考	那你希望達到的目標是什麼？
引發負面情緒	要是考不好怎麼辦？	調動積極情緒	想像一下，如果你考上了，那會是一種什麼樣的感覺？
原地踏步沒有新的視角	那你之前為什麼沒考好？	帶來新的可能性	如果下一次要考得更滿意，那你能做什麼準備？還有呢？

四、先安頓好情緒，再解決問題

我兒子十四歲的時候，第一次自己一個人坐飛機回西雅圖看奶奶，那天我和老公都在外面講課，不能去送他。當他聽說之後，老大不樂意。我心裡剛想說：「你不是挺厲害的嗎？這有什麼排斥的？這條路線我們不是已經走過N次了嗎？不就是T2進去右轉……」但在那一刻，我覺察到了自己的批判。我馬上暫停了我的好為人師模式，我問他：「我知道，你是有點害怕對嗎？」他點了點頭說：「媽媽，我能從一進機場就跟妳視訊嗎？」我抱了抱他說：「當然可以！」

當你能放下自己的好為人師，放下自己對孩子的批判，深度傾聽，這時候你的注意力是完全放在對方身上的，也只有這樣才能聽到對方說出來和沒說出來的情緒、感受、需求。先安頓好情緒，再解決問題，有時候情緒安頓好了，問題也沒有了。事實上，那天他到了機場根本沒有跟我視訊。

總之，在養育孩子的路上，父母真的太不容易了，不但有操不完的心，還有被傷不完的心。因為孩子就是會一次又一次地犯糊塗，一次又一次地想要證明父母是錯的。這是他們在這個世界上尋找自我認同的必經之路。而**作為父母，無論孩子迷失得多遠，我們都要追上去，賴在他身邊，在他痛苦的時候，陪伴他，在他反思的時候，相信他**。因為這就是愛，愛是陪伴，愛是信任。相信我們的孩子通過痛苦和反思能夠進步，成為平凡但不平庸的成年人。做一個教練式父母，就是帶著嚴厲的愛，陪伴在孩子身邊，和他同在，伴他成長。

先安頓自己，再守護他人

二〇二二年八月，我送兒子去上大學。我們從西雅圖出發，開車一路到芝加哥，相當於北京開到西藏的距離。很多朋友說，坐飛機不好嗎，為什麼要開那麼遠？因為這樣的送別可以把時間拉得更久，慢慢地放手會讓我感覺好一點。世間其他的愛都是以聚合為目的的，只有父母的愛是以分離為目的。道理我懂，但等到真正分離時還是很難過。

正好他的學校就是我和老公MBA的母校，在那裡，我們上學第一天認識，畢業第二天結婚，有很多美好的回憶。所以我們在學校逗留了幾天，最後一天離開的時候正好是兒子的十八歲生日。我們一起吃了個飯，然後開車把他送回了宿舍，我沒下車，就在車裡跟他揮手再見。夕陽下，透過淚眼，我看著他和新認識的室友有說有笑地走進宿舍樓。我知道，是時候該放手了，我擦了擦眼淚，跟老公說：「走吧！」

回想兒子三歲的時候，第一天送他去上幼稚園，他抱著我的腿死活不走，像塊狗皮膏藥一樣，扒都扒不下來。一轉眼孩子「咻」地飛快長大，離開我的時候，頭都不回一下。要知道，等孩子離開家，留給你的除了回憶，什麼都沒有。這樣想來，每天為了學習而各種河東獅吼、雞飛狗跳，既傷透親子關係，又消耗親密關係。在這個過程中，自己也一點點失去光澤，不是皮膚的光澤，而是生命的光澤。這樣做真的值得嗎？

哦，對了，還留了個老公給你。但如果好不容易熬出頭，面對的是相看兩相厭的人，有意思嗎？所以，**在親密關係裡，我們要先安頓好自己，再滿足伴侶，最後才是孩子。**當你自我感覺足夠好，你就會覺得：如果他們好，那很好；如果他們不好，我還要繼續好下去。

人生如渡，只有來時的船，沒有歸去的帆。最後與你風雨同舟的，只有自己。所有人都是過客，伴侶如此，孩子更是如此。作為女性，我們要時刻謹記：我已經足夠好了，我已經足夠閃亮了，我不需要靠別人的光環來照亮自己——這個別人，既包括老公，也包括孩子。**被愛給你力量，去愛給你勇氣。只有先成為自己的守護神，才能守護生命中的其他人。**願你找到愛自己的勇氣，願我們的孩子能從我們的愛中汲取力量，愛人，愛己，愛世界。

掌控力練習

一、你希望你的孩子長大成爲一個什麼樣的人？爲什麼？

二、你覺得自己要做出什麼改變才能支持你的孩子成爲那樣的人？

06

職業第二曲線，什麼時候開啟都不晚

世界上最殘酷的折磨便是
強迫人無休止地做一件明顯毫無意義的工作。
——大衛・格雷伯（David Graeber）

我經常收到學員關於職業生涯規劃的問題：

「我研究生畢業工作七年了，現在做第三份工作，但好像很難在工作中找到激情，我不知道自己是不是那種做什麼都三分鐘熱度的人，還是現在的工作確實不適合我？」

「我都三十二歲了，明年計畫要小孩，很擔心自己到現在都還沒有一個明確的職業目標，而且就算是找到了，有了孩子又會打亂所有的計畫，感覺進也不是，退又不甘，怎麼辦？」

「我已經四十歲了，做的工作說不上喜歡，也說不上不喜歡，反正總得養家糊口。現在孩子稍微大一點了，我想開啟一個副業，做點自己喜歡又可以賺點錢補貼家用的事，但又不知道自己適合做什麼。」

類似這樣的問題太多了，年輕人可能更關心如何定位自己，選準賽道，但又擔心自己缺乏閱歷。而有一定閱歷的人更關心如何通過轉行、轉型實現再定位，但又怕自己年齡太大了。這些問題也曾經讓我非常困惑，製造了大量精神內耗。而且不像男性，他們只需要關心自己事業發展的時鐘就行了，職場女性總是一邊看著事業的時鐘，一邊數著自己的生物時鐘，最後既不甘心，又力不從心。

就像一位故事力認證課學員跟我分享的：「不知道自己想要什麼，但又好像什麼都想要；覺得自己什麼都不行，但又不甘心自己怎麼不行；一邊心裡燒著小火苗，一邊給自己潑冷水澆滅小火苗；最後什麼都沒幹，先活活自己把自己給卡死了。」所以，作為職場女性，究竟要怎麼規劃自己的職業？在今天這種計畫趕不上變化的時代，職業規劃還有沒有意義？

打工者的本質是用時間換金錢，以每日八小時的時間投入，換取一份約定的薪水。但是如果你把工作當作一份資產來經營，就會思考如何把你在工作中獲得的資源價值最大化。

窮人思維和富人思維最大的區別不是有沒有資源，而是會不會利用資源。有限的資源，經由時間的沉澱產生穩定的收益，這就是「複利效應」。它看起來毫不費力，因此極易被人忽略。很多人都羨慕別人擁有的資源多，但其實持續、穩定的投入，才是資源獲得複利的基本保障。愛因斯坦曾宣稱複利是「世界第八大奇跡」，是「有史以來最偉大的數學發現」，甚至是「宇宙最強大的力量」。

亞馬遜的創始人貝佐斯曾經問巴菲特（Warren E.Buffett）：「既然賺錢真像你說的那麼簡單，長期價值投資永遠排在第一位，請問為什麼有那麼多人賺不到錢？」巴菲特回答：「因為人們不願意慢慢賺錢。」是啊，人們總是高估一年的成績，而低估十年的努力。

我當年去英國念博士的時候，教授說像我們這種非脫產念博士的，四年就應該可以畢業。他還說：「總共十萬字的論文，你們只需要每天寫一百五十個字，就算一半都廢了，留七十五個字也行。」我當時聽了嗤之以鼻，心想：等我有了完整的時間能坐下來靜下心來寫，那還不是行雲流水的，哪用得了四年？

結果呢？我從來沒有找到完整的時間，總想擬個大的出來，卻硬生生憋了七年才畢業。後來我算了算，老師說的一點都沒錯，十萬字如果每天寫七十五個字，看起來微不足道，但三年半就寫完了。這就是持續、穩定的投入產生的力量。

很多人都問我：怎麼能做到每兩到三年就出一本書？其實，除非你是那種靠寫字吃飯的職業作家，把自己關在一個房間一個月就能憋出一本書，否則，更現實的選擇是像我這樣，每週靠寫「有意思教練」社群，不斷地積累寫作素材，提升寫作能力。這就是時間的零存整付。你可以在一天中找到一個可以用來穩定持續做輸入或者輸出的時間——無論是讀書、學習、寫作，還是強身健體。比如，我發現早上的時間用來健身對我來講是最有保障的，因為只要一進辦公室，時間就不是自己的了。而晚上睡前有一個固定的讀書時間，哪怕看幾頁就睏了，最起碼也能幫助入眠。

原則三：放眼長線，以終為始

貝佐斯在創立亞馬遜之前在華爾街做對沖基金，成績傲人，收入不菲。但他一直想要創業。一九九四年，他敏銳地覺察到網際網路將要爆發的氣息。有一天，他跟老闆說：「老闆，我想做件瘋狂的事情，我打算開家公司，在網上賣書。」老闆聽後，陪他在紐約中央公園逛了兩個小時，推心置腹地對他說：「你這個打算聽起來很靠譜，但這事更適合那些眼下沒有一份好工作的人去做。」

老闆這麼說，讓貝佐斯也不知道要怎麼決定了。後來他問了自己一個問題：「如果我把自己想像成八十歲的時候，我會遺憾嗎？」這下，他有了答案：「我知道，當我八十歲的時候，我不會後悔參與網際網路這個我認定是了不起的事情。哪怕我失敗了，我也不會遺憾，而我可能會因為沒有嘗試而最終後悔不已。」

於是他決定離開華爾街，辭職創業，連年終分紅都沒拿就走了。這個看似有些衝動的決定，背後藏著一種思考方式，貝佐斯稱其為「遺憾最小化框架」。簡單來說就是投資思維。**放眼長線，也就不被眼前的得失干擾，而是以終為始，從長計議。**在貝佐斯看來，「短期的事情會干擾你的判斷，只要你把眼光放得更長遠些，你就可以做好生命中的重大決定，而不至於日後後悔了。」正是在這種放眼長線的思維下，他帶領亞馬遜走到今日，做出令人豔羨的成績。

這種「遺憾最小化框架」，也適用於任何人在個人和職業生活中做出重大改變，就好像我當年糾結於是否要從自己的職業第一曲線脫軌，辭職創業的時候，幸好那時候我學了教練，所以就問了自己一個教練問題：「如果我現在已經八十歲了，坐在搖椅上跟孫子講奶奶這一生最值得驕傲的事，那是什麼？」我想了想，我感到我不會想跟他說：「奶奶這輩子最值得驕傲的事就是在一家公司做了快一輩子，在北京有幾套房……」人，不會因為你做過什麼而後悔，只會因為沒做過什麼而後悔。

轉型、創業、副業，如何穩步探索？

看到這裡，如果你已經熱血沸騰，想要開啟自己的第二曲線，躍躍欲試想要轉型、創業，或者成為自由職業者，且慢！在追求夢想的路上，可千萬要帶上腦子啊。我建議分三步來做：

第一步：基於現狀做可行性分析

（1）能力分析。小紅書上有很多想要跟我學做知識副業的粉絲，很多人一上來就問我：「想做副業，從哪兒開始？」我每次都會反問：「你有沒有一個絕活？」

探索第二職業就像是在泥地裡走路，你總得有一隻腳死死地紮在地裡，才能騰出另一隻腳去探索下一步。如果連一樣穩定的能力都沒有，再去探索其他能力，最終只能是貌似樣樣精通，其實樣樣稀鬆。

（2）看看自己的身體條件是否允許，你是否有足夠的支援系統。兵馬未動，糧草先行。尤其是女性，如果沒人幫忙帶孩子，父母身體不好還需要照顧，那就需要先搭建起一個圍繞自己的後援系統，無論是物質的，還是家庭的、情感的。

（3）基於以上判斷自己探索第二曲線的形式。最穩妥的探索是轉型，比如從ＨＲ轉型做業務，從工程師轉型做專案經理。如果能夠在公司內部實現轉型會更穩妥，就好像我當年從做ＩＴ轉型做政府關係。轉型的好處在於有機會拓展你的能力邊界，提升你的學習能力，同時看看你的絕活到底靈不靈，因為就算是在公司內部轉型，也是進入一個新的領域，也需要把自己的絕活遷移到新的領域。

最激進的探索莫過於創業。創業九死一生，90%的人並不適合，做自由職業者也一樣。大部分人都以為自由職業者很自由，想做什麼就做什麼，可以自由地安排自己的時間。但其實，自由職業者本身就是微創業，從集客到交件，一條龍服務。這對一個人的影響力、心力、精力的要求非常高。要知道，**自由並不是想做什麼就做什麼，而是不想做什麼就不做什麼**。你要有多優秀，才能做到隨你挑活，想幹就幹，不想幹就不幹啊。

所以對想要創業又沒有經驗的職場人，我建議先從做一個副業開始，無論是開個網路商店，還是做個自媒體。賺不賺錢不要緊，重要的是副業本身會讓你看到更多的可能性。最差的結果就是發現自己其實也做不了其他的事，只能做現在的工作。那這也是一個千金難買的收穫，起碼你收穫了一份踏實。

除此之外，這還是一個思維上的升維。當你是個員工的時候，可能會抱怨老闆怎麼不給你更多的資源。但是當你自己當老闆的時候，你會有一個完全不一樣的視角。當你嘗試把自己賣出去，把有限的資源最大化時，你會發現這些事情都不那麼容易，這本身就是一個擴展能力邊界的過程。

而且，我們從小到大都被教育「人一定要在對的時間做對的事」。所謂「三十而立，四十不惑，五十知天命」，這些都是社會在定義你，時間在定義你。而當你去嘗試做副業的話，其實是你在嘗試自己定義自己。你要像一個產品經理一樣，學會定義自己、描述自己、跟別人介紹自己。

所以做副業，重點不是賺錢，最終你的副業能替代主業的可能性也微乎其微。但在這個過程中，知道自己能做什麼，不能做什麼，能力邊界在哪裡，還需要提升什麼能力，這才是重要的。

用自己對自己的定義，來代替別人對你的定義，這對迷茫的職場人來講價值千金。

第二步：分析市場可行性

無論你選擇轉型還是做副業或創業，如何快速瞭解一個新領域並且判斷自己適不適合呢？

（1）掃盲。為了消除初次接觸新領域時的陌生感和不安感，建立起最基本的自信心，你可以有針對性地閱讀這個領域的圖書，或者在網上搜集、瞭解新領域的基礎概念，包括一些最基本的專有名詞、關鍵概念以及這個領域的最新動態和領導人物。

（2）職業訪談。這可能是最關鍵的一步。每個領域從外面看和進去看都不一樣，你需要找到你身邊對這個領域最瞭解的人，通過訪談進一步瞭解行業細節。找對人、問對問題，可以達到事半功倍的效果。當然，這也需要平時積累人脈。

（3）學習是混圈子的最好方法。很多人進入一個新領域的時候喜歡自己找一些資料一直悶頭學，但其實學的並不一定是在那個階段最應該學的東西。我建議先挑一個成本不是那麼高的課程，最好是線下課程，在學習的同時可以和同學建立深度聯結，更深入地瞭解目標圈子。比如，如果你想轉型做培訓和教練，就可以來上我們相應的課程，你的同學很多就是企業ＨＲ，你可以通過和他們的聯結來瞭解。

第三步：躬身入局，小步反覆運算

無論是訪談還是學習，都還是在週邊圍觀，最終你還是要自己下去實測兩下，才知道這個領域的水深不深，適不適合你。我們有一位故事力認證的老師，她的主業是在一家企業做內訓講師，講得也挺好，但都是公司的課程而不是自己的課程。她不知道如果有一天她成為一個獨立講師，市場會不會為她買單，所以就來請教我。

我問她：「妳的產品是什麼？」她說：「做培訓。」很多自由職業者經常陷入一個誤區，認為做培訓、做電商、開民宿就是產品，但這些不過是他做的事情而已，真正做產品需要回答這些問題：如果你是一名培訓師，你的什麼課程的受眾是誰？解決了他們的什麼問題？如果你是一名電商，你賣給誰？他們會為什麼買單？解決了他們的什麼問題？如果你開了一家民宿，什麼人會來你的民宿？你提供了怎樣的服務？解決了他們的什麼問題？只有這些問題有了答案，你才能打造出一個「產品」。有了產品，你才有辦法去驗證自己的想法是否行得通，是否有市場價值。

所以我建議這位老師先不要糾結辭不辭職的問題，先打造出一門線上的小課，投放到市場上，讓客戶、消費者來幫她做決定，到底什麼課程是他們想聽的？她講得好不好？還需要在哪方面調整等等。她聽了我的建議就去做了，如今已經是一名每日課單價破萬的獨立講師。現在又開始跟我們學習教練認證，開始了新一輪的成長。

像這樣成功開啟職業第二曲線的人我見過很多，從寶媽到社群運營專家，從註冊會計師到藝術家。我也幫助了很多人從企業白領、高管轉型到培訓師、教練等。在這個過程中，我發現了一些規律。從第一曲線到第二曲線這個變軌的過程中，中間地帶有可能很痛苦。因為這種非連續性創新，投入了很多卻見不到回報。這時候能支持你走下去的只有兩樣：興趣和使命。

其中，興趣是通往第二曲線的原點。當你特別喜歡做一件事的時候，哪怕沒人給錢，你都願意做。所以對中年人，我有一個建議，一定要發展一個穩定的興趣。尤其是中年男人，這是抵禦中年危機，避免油膩最好的武器。一位當年曾和我一起做政府關係的業界大佬，五十多歲了，他突然開始學配音，而且配得有模有樣，人也變得神清氣爽，完全沒有一點暮氣。

但是做配音能幫他開啟職業第二曲線嗎？不能，因為興趣不可能支持一個人持續走下去。就像我當年從企業裡出來做培訓、自媒體也是興趣使然，但很多時候，當興趣變成重複性工作的時候，就沒那麼有趣了。這時候就要靠使命。興趣可以是自娛自樂，而使命，一定要跟別人發生關係，你需要問自己：我能幫助別人什麼？開民宿，你幫別人獲得幸福。做培訓，你幫別人獲得技能。做教練，你幫別人減少焦慮。講脫口秀，你幫別人獲得情緒的釋放。

所以說，**職場第二曲線始於興趣，成於使命。沒有興趣，就很難開始；找不到使命，就很難堅持。**如果你現在既沒有興趣也找不到使命，沒關係，職場的花期很長很長，什麼時候開始都不晚。我自己也是四十二歲才開啟職業第二曲線的。所以不必慌張，每個人都有屬於自己的時區。探索職業第二曲線是你給自己的交代，不是給別人看的。如果說上半輩子都是在用命換錢，那麼下半輩子了，打算怎麼使用你的這條命才能讓你興致盎然地度過餘生，這才是探索職業第二曲線的意義。

掌控力練習

找一張A4紙和幾支彩筆，畫出五到十年之後你期望出現的場景。在那個畫面中，你在做什麼？你穿著什麼衣服？在什麼地方？誰和你一起？記得，使命一定是和別人有關係的！

認清價值觀，不糾結，不委屈

「價值觀」這個詞聽起來很大，但它其實就是每天起床後支撐我們去做每一件事情的信念，在面對選擇的時候，你會根據它選擇採取什麼樣的行動。就像歌手貓王說的：「**價值觀就像指紋，每個人都不一樣，但它會在我們做過的每件事上留下痕跡。**」我們都可以說自己有這樣那樣的價值觀，但價值觀只能體現在選擇中。換句話說，只有在陷入兩難境地的時候，價值觀才產生作用。沒有選擇，就沒有價值觀。

在講《故事力》課程的時候，我經常會讓學員做一個價值觀排序的遊戲。發一套價值觀卡片，每張卡片上面有一個價值觀，然後讓他們從四十多張卡片中選出對自己來講最重要的三個價值觀，並且排個序。中年職場女性的選擇通常是：家庭、健康、愛、認可、責任；更年輕的職場女性群體則選擇快樂、自由、自主的比較多；男性如果是在外企或者四十歲以上，通常選擇最多的是健康、家庭、責任；如果是在網路公司，或者更年輕的男性群體，成就、財富、榮耀這些價值觀則普遍靠前。

當然，這不過是基於近千名企業學員的一個粗略統計。但其實，**選擇什麼價值觀都沒**

有對錯，重要的是，你是否真正實踐了你的選擇。價值觀分為兩種：期待價值觀和實踐價值觀。前者是你想要的，後者是你真正在生活中做到的。**當你活出了你認為最重要的價值觀時，你也許活得辛苦，但你活得不委屈。**而如果你的言行沒有體現你認為真正重要的價值觀，就算是坐擁財富或者一切被別人認可的成就，也還是不幸福。

在《關鍵溝通：如何解決難題，不傷感情》（*Fierce Conversations: Achieving Success at Work and in Life One Conversation at a Time*）一書中作者寫道：「如果你想看看真正痛苦的人，就去看那些明知自己是什麼人卻又必須經常違背本性的人吧！」

有一次在課上做這個價值觀練習，我突然聽到教室裡有哭聲。我順著哭聲走過去，看到一個女學員在那兒哭，邊哭邊擺弄著手中的卡片說：「我什麼都沒有，就只有責任！」我靜靜地看著她，輕聲說：「如果現在讓妳在剩下的價值觀卡片裡任選一張，妳會選哪張？」她盯了半晌，再一次撲在桌上放聲痛哭說：「我挑不出來，我什麼都沒有，我只有責任。」在那一刻，我很心疼她。因為我特別能理解一個背負責任的職場媽媽的內心糾結，我更明白我們是怎麼一步步走到今天的。

從小我們的父母、老師以及社會就用條條框框的標準教育我們，怎樣才算是一位合格的好女孩。好不容易慢慢在社會中立足，並且開始思考自己到底想要什麼，又被催婚、催時候，從進醫院到生，活活折騰了七十二個小時，精疲力竭。他們推我回病房的時候，一個護士抱著我兒子過來讓我先餵一口奶再走。我問護士：『我現在要是不餵，孩子會死嗎？』護士說不會。我說：『那讓我先睡會兒吧，我累死了。』」

她說完，我們都笑翻了。大多數新手媽媽都會被母愛淹沒，她竟然還能問出這麼理智的問題，這證明她真的是在踐行自己的價值觀。我後來好奇地問了她是做什麼工作的。她說：「品管師。」這和她的價值觀還真是絕配。

所以你看，**幸福取決於「我是什麼人」與「我過著怎樣的生活」這兩者相一致的程度**，當它們不一致的時候就會產生內耗。而要做到知行合一，就需要你在做選擇的時候學會真實地面對自己，和自己對話：

- 如果我不喜歡當前的現狀，那什麼是我真正想要的？
- 為什麼那對我很重要？
- 我擔心什麼？
- 我實現了自己的全部潛力嗎？
- 我完全發揮了自己的能力嗎？
- 我現在的工作是否具有價值和成就感？

● 有哪些需求我努力想要實現但尚未實現？

都說要做自己，但如果連自己是誰都不知道，怎麼做自己呢？**只有認清自己，才能活出自己**。分享一個教練小技巧：第三者視角。每當你處在一個兩難情境或者艱難抉擇中的時候，你可以靜下來，閉上眼睛想一想：如果是你特別尊敬的導師，假設他面對這麼糟的情況，他會怎麼選擇呢？第三者的視角能帶你從自己的困境中走出來，走到一個客觀中正的位置上，可以更理性地看待這個情況。

大女主和小女人並不矛盾

我的一個朋友，剛剛轉行時，面對新工作、新行業、新老闆，各種不適，幾乎陷入了抑鬱。每天下班回到家，他經常在車裡坐著，不想上樓。我猜如果他真的上樓跟老婆說「我很焦慮，我不確定自己是不是轉錯行了」，他老婆未必會看不起他，所以，他不敢面對的究竟是他老婆，還是他自己呢？

我們經常認為：堅強的人就不能表達脆弱；責任和自由是互相矛盾的；家庭和成就不可能同時擁有。這些本不應該是非此即彼的選擇，也沒有對錯，它們應該是一種流動的關係。但我們總是被二元對立的思維蒙住了眼，看不到A和B之外還有C這個選擇。就好像很多人覺得女強人就得一天到晚繃著個臉、走路帶風、不苟言笑。我們社群小編剛入職不久的時候，有一次我跟她說著話，她搖著頭說：「妳是我見過的第一個會撒嬌的老闆。妳剛才那樣說話，我雞皮疙瘩掉了一地。」對啊，我不但會撒嬌，我還會教別人撒嬌。

有一年夏天，我在甘肅給我支援的公益組織EGRC的優秀女大學生講故事力。一個女同學上來講完自己的故事以後，我問她：「妳是不是從來不撒嬌？」她傻眼但點著頭說是，估計心想這跟講故事有什麼關係？當然有關係，講故事離不開情感，而撒嬌就是一種感性的溝通方式。**你不需要逢人就撒嬌，但如果你知道撒嬌是什麼感覺，你就知道什麼是感性溝通。**

感性不是情緒化，從女強人到強女人，差的就是感性溝通。於是，我即興加了一個環節，教同學們「如何撒嬌」。是的，對一個善於系統化總結的人來說，撒嬌也是有方法論的。

面對如今越來越多的大女主，網上出現了很多聲音，教育女人要撒嬌、要示弱。還有人信誓旦旦地宣稱「強勢女人禍害多」，給出的理由說白了還是離不開三從四德。我也認為女性需要適當示弱，但我在家示弱，並不是為了挽救男人的自尊，我在公司示弱也不是為了討好員工。我一直認為，**示弱是強者的特權。正因為我是強者，所以我才不介意偶爾示弱。**示弱是為了讓我放下盔甲，讓自己能輕裝前行。而且，**示弱的關鍵字是「示」，而不是真弱。**

當我可憐巴巴地跟小編說：「我趕緊給妳寫稿子去。」我是想讓她感受到，她是當家的，這樣她就更有主人翁精神；當我拖著哭腔跟老公說：「我心情不好，你能陪我出去走走嗎？」我並不是離了他自己就走不了，而是我想讓他知道，我珍惜他的陪伴。當大女主和做小女人一點都不矛盾。正因為我有小女人的一面，才讓我能更酣暢淋漓地做大女主。

曾經有人形容著名產品經理梁甯是椰子，外面硬，裡面軟。她硬是有原因的。有一次她請投資人去看她的專案，對方考察了她的公司運營後說：「案子還行，但是妳是個女人，所以也就打個對折吧。」那一天她第一次感受到了自己被孤立。她回家問父親：「要是你是投資人，你會投我嗎？」沒想到親爹立馬斬釘截鐵地回絕了：「我當然不投妳，妳是一個女人。」為了不斷地證明自己，她不得不變得越來越強，越來越硬，但後來，她也越來越意識到：「逞強的本質是對示弱這件事沒有安全感。花木蘭仗打完了，回到家也要脫下鎧甲。」**如果相信自己本來就強，就不需要逞強。**

善於低頭的女人，才是最厲害的女人。我不但會跟老公撒嬌，還會跟兒子撒嬌。有時

成功，但一定會活得更從容。但是從知道到做到又是世界上最長的路，所以如果你看完了，還是不知道要怎麼做，請一定要對自己耐心一點。

都說「三十而立，四十不惑，五十知天命」，我的版本不大一樣，我「三十而麗，四十不甘心，五十知甜命」。如果現在讓我跟二十歲的自己做個交換，我還真不一定想換。畢竟，那時候除了一臉的膠原蛋白，什麼都沒有。現在的我，除了一臉的膠原蛋白，什麼都有了。

人老了，哪兒都下垂，但好歹智慧是隨著年齡提升的。如果時光可以倒流，擁有今天智慧的我，很想回去跟二十、三十、四十歲的自己，還有你說幾句：

二十歲，很想抱抱那時候的你。年輕的時候，真的很沒有安全感。你太渴望去適應社會了，總想把自己包裝成別人可能會喜歡的模樣，看我那時候的照片，穿得比現在還老。但這就是二十歲啊！不知道自己是誰、能做什麼、不知道自己能找到什麼樣的伴侶、不知道會過上什麼樣的一生，有的只是無邊無際的迷茫。

幾年前，我和我老公回到我們相識的MBA校園。那天，看見躺在中心大草坪上曬太陽的學生，我突然忍不住站在那兒哇哇大哭起來。我哭的並不是逝去的青春，而是逝去的美好剎那。念書的時候，我每天穿梭於教室、圖書館和打工的餐廳，心裡想的就只是什麼時候才能讀完這該死的一百頁《商業法》、怎麼才能找到地方實習。如果我那時候能放慢幾分鐘，也像這些學生一樣躺在草坪上享受一下陽光，並不會影響到最終結果。

二十多歲的我和你，活得太焦慮。其實，親愛的，真的不用急，人生那麼長，你急什麼呢？日本設計師山本耀司曾經說過：「自己這個東西是看不見的，撞上一些別的什麼，反彈回來，才會瞭解自己。」所以，**二十多歲的你，想要去瞭解自己，那就多讀書、多交男女朋友、勇敢地去冒險、去嘗試，撞上的東西越多，你就越瞭解自己。無論怎樣，你不會再有一次二十多歲。**

三十歲，我覺得自己的臉似乎長開了，因為有了娃，也有了些許母性的光輝，且尚未染上老母親的戾氣。三十多歲，是女人剛剛開始變成女人的時候，是人生的轉捩點，這段日子過好了，後面的日子會越來越好。這個年紀的女人，已經找到了自己的立足之地，沒有二十多歲那麼焦慮，但隨著對自己越來越瞭解，卻又有了新的煩惱。

「你是誰？要去哪兒？做什麼事？」警衛先生的這三個靈魂拷問，開始在我腦子裡反覆出現。我很慶幸自己在三十多歲的時候開啟了我的自我覺醒之旅。在那之前，我的人生一直都處在自動駕駛的狀態。

我不願只是輕鬆地融入，成為眾人中面目模糊的那一個；不願變得八面玲瓏、口是心非；我不願只能被時代操控，而不能自己掌控。三十多歲，剛剛進入上有老、下有小的階段，的確很辛苦。但我拚了命也要看清自己到底是誰，因此，三十七歲那年，我選擇去英國讀兼職的工商管理博士。說實話，七年下來，書並沒讀明白多少，但我明白了自己到底想要的是什麼——想要過一個對得起自己的人生，想要成為不被定義的自己。

所以，我想對三十歲的你說，**如果你不想成爲多數人，那就走少數人走的路——做難而正確的事情。只要你不放棄自己，沒人會放棄你。**

四十歲，如果到了這時候，你開始思考：難道我這輩子就這樣了嗎？不甘心啊！我想恭喜你，你是一個對自己的人生負責的人。我也想告訴你：不，這輩子不是就這樣了，你還可以有很多樣子！從事業的角度看，我覺得四十歲才是女人在職場上最好的時候。如果能在三十多歲提升自我認知，並積累了相當的專業或者管理經驗，那麼四十歲正是一個女性大幹一場的最好時機。

四十歲，開始對自己越來越接納、越來越包容，不再把對自己的不滿撒在別人身上。我很幸運自己是在四十二歲開始創業的，否則，我不確定能不能禁得住創業和照顧家庭的雙重壓力，不是我爆炸，就是他們爆炸，都不好看。

所謂「四十不惑」，並不是人生就沒有疑惑了，而是不再糾結自己到底想要什麼。而想要什麼並不是想出來的，而是做出來的。所以，四十歲的你，**請不要再哀怨地說「我已經四十歲了」，而是驕傲地說「我剛好四十歲了」。摩拳擦掌，大幹一場，去他的職場天花板，不要讓年齡定義你！**

五十歲，如果你像我一樣，成功走出三十五到四十五歲這段中年危機，無論是事業還是生活，無論是親密關係還是親子關係，在合適的季節，你做了足夠的耕耘，那麼五十歲正是收穫的年紀。學到的要教出去，賺到的要給出去。這就是我在做的事。你知道嗎，我那天做完音波拉提，照了照鏡子，左看右看也沒看出和沒做有什麼區別。但醫美醫師鄭重地跟我承諾：「效果最好的時候是在三個月之後，再等等！」我心想：「這行銷策略可太強了！怎麼我平時賣課的時候從來沒想過要這麼說呢？三個月以後學習效果最好。」

但時間，的確是一個好朋友。當你把時間當作朋友，就會把自己全然交出去，交給時間。在每一個當下，努力做好每一件事，享受每一個平凡的時刻，而不是總想和時間賽跑。而當你酣暢淋漓地活了每一分、每一秒，就不會焦慮歲月的流逝。無愧過往，不畏將來，因為你和時間同在。時間早晚會回饋你，只要你堅持。時間早晚會治癒你，只要你允許。**只有在時間裡，我們才能遇到更好的自己。**

這本書寫得很辛苦，因為想要表達的太多，太迫切，掏心窩的話拚命地往外面掏，就希望哪怕一句話能給你帶來一點點改變，能給你前行的路帶來一絲絲光亮也好。

表達自我是一種脆弱的體驗，但脆弱不是懦弱，而是明知自己不完美但還真實地展露自己；是明知每一段關係、每一個嘗試都不確定，都有風險，但還是全心全意地投入進去。

脆弱有脆弱的代價，但也有它的回報。活出真實的自己就是最大的回報。這本書是一個真實的女人，用真實的案例，跟你探討真實的問題，希望幫你尋找屬於自己的答案。最後再次送上《脆弱的力量》中給我力量的一句話：「我的確不完美，很脆弱，有時也會膽小，但這不能改變我勇敢、值得被愛、擁有價值感的事實。」

寫於北京

後記／不被定義的勇氣

不被定義的妳

作　　者—高　琳
主　　編—林巧涵
責任企劃—謝儀方
美術設計—點點設計・楊雅期
版面構成—點點設計・楊雅期

總 編 輯—梁芳春
董 事 長—趙政岷
出 版 者—時報文化出版企業股份有限公司
108019 台北市和平西路三段 240 號 7 樓
發行專線—（02）2306-6842
讀者服務專線—0800-231-705、（02）2304-7103
讀者服務傳真—（02）2304-6858
郵撥—19344724 時報文化出版公司
信箱—10899 臺北華江橋郵局第 99 信箱
時報悅讀網—http://www.readingtimes.com.tw
電子郵件信箱—books@readingtimes.com.tw
法律顧問—理律法律事務所　陳長文律師、李念祖律師
印　　刷—勁達印刷有限公司
初版一刷—2024 年 3 月 15 日
定　　價—新台幣 350 元

ISBN 978-626-374-997-9 ｜ Printed in Taiwan ｜

時報文化出版公司成立於一九七五年，並於一九九九年股票上櫃公開發行，
於二〇〇八年脫離中時集團非屬旺中，以「尊重智慧與創意的文化事業」為信念。

不被定義的妳 / 高琳作 . -- 初版 . -- 臺北市 : 時報文化出版企業股份有限公司 , 2024.03
ISBN 978-626-374-997-9(平裝)
1.CST: 自我肯定 2.CST: 自我實現 3.CST: 職場成功法 4.CST: 女性
177.2　113002201